당신이 착각하고 있는 회사의 진실

당신이 착각하고 있는 회사의 진실
- 회사에서 살아남는 생존술 -

초판 1쇄 인쇄 2014년 4월 4일
초판 1쇄 발행 2014년 4월 11일

지은이 | 이기평
펴낸이 | 전영화
펴낸곳 | 다연
주　소 | (121-854) 경기도 파주시 문발로 115 세종출판벤처타운 404호
전　화 | 070-8700-8767
팩　스 | (031) 814-8769
이메일 | dayeonbook@naver.com
본　문 | 미토스
표　지 | 김윤남
ⓒ 이기평

ISBN 978-89-92441-49-0 (03320)

당신이 착각하고 있는
회사의 진실

회사에서 살아남는 생존술

· 이기평 지음 ·

다연
DAYEONBOOK

생존의 이노베이션,
지금이 바로 혁신할 때이다

직장인이라면 그 누구든 어려움을 겪었고, 지금 겪고 있고, 앞으로도 여전히 겪게 될 것이다. 사업가, 자영업자도 그렇겠지만 직장인은 특히 더 고달프다. 그래서 힘이 되어줄 누군가가 필요하다. 날마다 방전 상태로 생활해서는 회사가 원하는 수준의 성과는커녕 자신조차도 즐겁게 일할 수 없다. 틈틈이 쉼의 재충전을 해야 한다. 심기일전하여 보무도 당당한 월요일 출근길을 맞이하려면 뭔가가 달라져야 한다. 그래서 누구보다 직장인에게 이노베이션(Innovation), 즉 혁신이 필요하다.

이른 새벽에 나를 깨우면서, 그리도 컴퓨터 키보드를 두드린 이유를 먼저 말해주고 싶다. 회사 업무에 지치고 직장 내 인간관계에서 오는 무게감에 파김치가 되어버린 이들을 다시 일으켜 세우고 싶었다. 회사에 들어온 이상 회사의 진면목, 그 진실과 실체를 알아야 한다. 회사는 회사원이 있어야 돌아간다. 회사원은 회사의 심장이요, 혼이다. 잘되는 회사는 혼이 살아 있다.

누구나 알고 싶어 하지만 어느 한 사람 귀띔해주지 않았던 실질적인 내용들로 이 책을 채우고 싶었다. 회사 건물의 외관은 눈 달린 사람이라면 누구나 볼 수 있다. 출입문에 사원증만 들이대면 모든 문이 개방되어 사내 어디든 가볼 수 있다. 하지만 그 안에서 벌어지는 스토리와 비화와 속사정은 은밀하게 가려져 있다. 회사의 속살과 소프트웨어는 외부인은 알 수 없도록 숨겨져 있는 것이다. 그러나 궁금하다고 해서 나 자신이 일일이 직접 경험해보기엔 인생이 너무 짧다.

이탈리아 상인이자 여행가인 마르코 폴로는 『동방견문록』을 남겼다. 이미 1275년 아시아까지 여행하고 유럽 사회에 '지판구(일본)'와 '케세이(중국)'가 존재한다는 사실을 명백히 알려주었다. 그 후 대항해 시대의 화려한 개막에는 선단이 나아갈 방향을 알려주는 항해용 컴퍼스와 원양항해를 위한 지도가 큰 힘이 되었다. 세월이 흘러 오늘날은 또 어떤가? 요즘은 운전할 때 차를 멈추고 어디로 가야 하는지 묻지 않는다. 내비게이션이 있기 때문이다.

이런 맥락이 이 책의 출발점이다. 나는 회사생활을 처음 시작하는 이들, 시작한 지 조금 되었지만 나아갈 길을 잃은 사람에게도 마르코 폴로의 견문과 내비게이션이 있었으면 좋겠다고 생각했다. 그래서 이 책을 집필했다.

똑같이 일했는데 누구는 프로가 되고, 누구는 밀려난다. 왜 그렇게 갈리는가? 직장 세계의 고수가 되기 위해선 어떻게 해야 하는가? 어떻게 해야 능력을 인정받으며 회사에서 생존할 수 있는가? 나는 이러한 물음표에 명쾌한 느낌표를 주기 위해 그동안 경험으로 축적한 것들, 이를테면 상사와 어떻게 지내야 하고, 동료와 어떤 이야기를 해야 하고, 사수가 후배에게 무엇을 전수해줘야 할지 등등의 실제적이고 직관적인 회사생활 노하우를 이 책에 모두 담았다.

처음 입사하던 때를 기억하는가? 어려운 관문을 뚫었기에 가족은 물론 지인들의 축하와 격려를 한 몸에 받았을 것이다. 청운의 꿈을 품고 애사심 또한 하늘을 찔렀을 것이다. 지금은 어떤가? 한번 자문해보라.

'월요일 아침, 출근길에 나서는 당신의 가슴은 뛰고 있는가?'

'어제보다 오늘이 조금이라도 더 나아지고 있는가?'

'일하는 방식과 네트워크 지수(NQ, 공존지수)가 스스로 할 수 있는 최선의 수준에 가닿아 있는가?'

아니라면? 혹시 한 달에 한 번 돌아오는 월급날만 바라보며 그냥 그렇게 다니고 있는 것이라면? 당신은 지금 당장 스스로를 바꿔야 한다.

나는 자신 있게 선포한다. 직장인은 위대하다! 대한민국 경제의 중심축이며, 우리 사회의 근간이며, 모든 가정의 리더이다! 부디 혼이 살아 있는 직장생활을 하고, 뛰는 심장을 가지고 살아갔으면 한다. 당신은 중요한 사람이고, 당신 안에 가능성은 무궁무진하다. 그래서 여기에 매순간 최선을 다하도록 강권하는 부분도 많이 할애했다.

혹시 이 책을 접한 독자들 중 어떤 이는 나를 일중독자나 성공지상주의자로 바라볼지도 모르겠다. 물론 우리는 미치도록 일만 하고 살기 위해 태어나지 않았음을 인정한다. 그러나 직장인에게 회사는 깨어 있는 하루 중 가장 많은 시간을 보내는 중요한 삶의 터전이다. 또한 많은 개인과 가정에 생활비를 공급하는 젖줄이며, 인생의 꿈을 펼치는 무대이기도 하다. 회사! 여기 말고 또 어디에 가서 열정을 내뿜고 최선을 다한다는 말인가?

*

모쪼록 이 책이 고된 행군 후 쉼터처럼 잠시나마 위로를 얻고 열정에 불을 지피는 매개체가 되길 간절히 바란다.

우리나라 평균수명은 이제 80세를 넘어 100세를 바라보고 있다. 그래서 일생을 10~20년 단위로 유아기, 청소년기, 청년기, 중장년기, 은퇴 후 노년기 등으로 나눈다. 같은 삶인데도 각 단계마다 그 인생의 맛이 다르다. 드라마처럼 반전도 있다. 인생의 어떤 한 시점에 내린 잘못된 선택으로 잠깐 어려움에 빠지기도 한다. 그러나 한 번의 결정으로 나머지 인생을 100퍼센트 좌우할 수 없다는 데 오히려 인생의 묘미가 있다.

분명 직장에 있는 지금이 인생의 황금기일 것이다. 결혼하여 아이를 가지고 사회생활을 왕성하게 하는 이런 시기에, 당장 나부터도 돌아보건대 무엇을 해야 하는지, 누구를 만나야 하는지 온통 궁금한 것들뿐이었다. 지난날의 이런 의문들을 나는 끊임없이 현실에 던졌고 진실을 파헤쳤다. 그 결과물이 바로 이 책이다.

사람은 누구나 계속 성장하고 변해간다. 그래서 모든 인생은 죽는 날까지 미완성이다. 말랑말랑한 점토가 굳기 전에는 어떤 모양이든 만들 수 있다. 부디 이 책을 계기로 좋은 직장인의 그릇 하나 멋지게 만들어내길 바라마지 않는다.

2014년 4월

이기평

CONTENTS

Part 1

당신이
알아야 할
회사의 진실

01
능력에 앞서
호감부터 사라

세기의 이론물리학자 아인슈타인은 말했다.

"인간의 능력은 무한하다. 단지 그것을 쓰지 않고 있을 뿐이다. 나도 내 능력의 10퍼센트밖에 사용하지 못했다."

그렇다. 분명 사람의 능력은 상상을 초월할 만큼 어마어마하다. 그런데 사람 대부분은 그 능력의 10퍼센트도 채 쓰지 못하고 일생을 마감한다. 왜 그런가? 이유는 자신의 무한한 능력을 펼칠 시스템을 확실히 갖추지 못했기 때문이다.

회사에서도 마찬가지다. 회사에서 무한한 능력을 펼치려면 반드시 시스템 격의 백그라운드 그 무엇이 필요하다. 나는 종종 대학생들에게 '성공하는 직장인들의 공통된 특징'이 무엇인지를 묻곤한다. 그러면 그들은 나름의 판단으로 다양한 대답을 쏟아낸다. 능력, 성실, 열정, 예절, 대화법, 사내정치, 마음가짐 등등……. 물론 이것들은 중요하다. 하지만 이런 요소들에 앞서 전제되어야 할 것이 있다. 바로 주변 사람들에게 '호감을 사는 능력'이다.

성공하는 직장인들은 모두가 조직의 동료들에게 호감을 산다. 그들은 일 때문에 어쩔 수 없이 만나야 하는 그런 사람이 되지 않으려 한다. 호감을 주는 사람, 다시 만나고 싶은 사람이 바로 조직이 원하는 인물이라는 걸 잘 알기 때문이다. 성공의 시작은 바로 여기서 시작된다.

나는 직장생활을 해오는 동안 중도에 낙마하는 사람들을 수없이 보았다. 그들은 너나없이 동료들로부터 배척된 사람들이었다. 어떤 이는 자기 업무만 챙기는 통에 동료들로부터 눈총을 받았고, 또 어떤 이는 자기 위주로 생각하고 말하고 행동하는 바람에 유령 취급을 받기도 했다. 결국 그들은 동료들에게 호감은커녕 오히려 '비호감'을 샀고, 회사가 굳이 나가라고 등 떠밀지 않아도 결국 제 발로 나가야 했다.

나는 당신이 지금 동료들에게 어떤 존재로 각인되어 있는지 알지 못한다. 그러나 한 가지는 확실히 안다. 당신 역시 할 수 있는 한 동료들에게 호감을 사고 싶어 할 것이라는 사실이다. 눈을 감고 한 번 상상해보라.

당신은 업무상 누구를 만나더라도 그들에게 좋은 인상을 주는 사람이다. 사무실에 출근하면 모두가 기분 좋게 반긴다. 상사와도 커뮤니케이션이 잘되고, 부하 직원들도 믿고 따른다. 때때로 부하 직원들이 업무상 도움을 요청하거나 사적인 고민을 가지고 술친구가 되어달라 부탁하기도 한다.

어떤가? 생각만 해도 마음이 편해지면서 한편으로는 일에 대한 열정이 생겨나지 않는가? 이런 사람에게는 이른바 '월요병'이 있을 수 없다. 오히려 회사 가고 싶은 마음이 절로 샘솟게 마련이다.

회사에서 업무 능력을 유감없이 발휘하고 동료들에게 인정받는 인물이 되고자 한다면 일단 이런 사람이 되어야 한다. 어려움에 처한 그녀가 언제든 도움을 청할 수 있는 사람, 기분이 울적한 그가 술 한 잔 같이하자고 흔쾌히 말할 수 있는 사람이 되어야 하는 것이다. 동료들에게 이런 사람이 되었다는 것은 호감을 얻었다는 의미요, 호감을 샀다는 말은 마음을 얻었다는 뜻이다. 내 편이 된 것이다. 이런 상황에서 내 능력은 더욱 빛을 발하고, 옆에서 뒤에서 동료들이 도와준다. 그러니 승승장구할 수밖에 없는 것이다. 직장생활에서 발목을 잡는 사람이 없다는 것만으로도 빨리 앞으로 나아갈 수 있는데, 옆과 뒤에서 밀어준다면 더 빨리 나아가게 마련이다.

그만큼 능력에 앞서 중요시해야 하는 것이 호감을 사는 일이다. 동료들의 호감을 살 수 없다면 아무리 능력이 출중하더라도 자주 부딪힐 수밖에 없다. 부딪히면 부딪힐수록 '왕따'나 '은따'로 전락할 수밖에 없는 것이다. 그럴 경우 출중한 능력은 빛이 바랠뿐더러 모난 돌이 되기 십상이다.

나는 직장인이 능력에 앞서 먼저 호감을 사야 하는 이유로 다음 세 가지를 꼽고 싶다.

*

첫째, 호감을 사는 것은 성공하는 직장인의 여러 원칙 중 '제1원칙'이다.

진정 성공하길 원한다면, 동료들에게 먼저 호감을 줄 수 있어야 한다. 상대가 나에 대해 좋은 감정을 가지고 있어야 대화는 물론 업무상 협업도 원활히 할 수 있다. 특히 함께 일하는 주요 인물, 의사결정을 내리는 핵심 인물들의 호감을 살 수 있어야 다음 단계로 나아갈 수 있다.

둘째, 호감은 운동에 비유하자면 워밍업이다.

본격적인 운동에 앞서 우리는 먼저 준비운동을 한다. 부상을 방지하기 위해서이다. 말하자면 준비운동이 안전장치인 셈이다. 같은 맥락이다. 회사생활을 하는 데에서 동료들에게 호감을 사는 것이 동료들과의 불협화음을 예방하거나 줄여주는 안전장치가 된다. 동료들에게 인정받고 승승장구하는 이들을 보면 하나같이 친화력이 뛰어나다. 이러한 친화력은 동료들을 자신에게 오도록 만든다.

셋째, 호감을 사는 일은 직장생활의 기초공사 같은 것이다.

두바이의 명물 부르즈 할리파는 세계에서 가장 높은 건물로, 전체 높이 828미터를 자랑한다. 이는 여의도 63빌딩의 다섯 배 높이다. 이런 초고층 건물을 세우기 위해선 무엇보다 기초공사가 중요하다. 부르즈 할리파의 존재가 가능했던 것도 지하 몇 백 미터까지 파내려간 탄탄한 기초공사 덕분이었다.

*

회사에서 호감을 사는 일도 이와 같은 맥락이다. 동료들에게 호감을 사지 못하고선 절대 승승장구할 수 없다. 회사생활을 성공적으로 하기 위해선 동료들에게 호감을 얻으려는 시간 투자와 노력을 아껴선 안 된다.

거듭 강조한다. 매일 살얼음판을 걷는 불안한 심정으로 회사생활을 하고 싶지 않다면 가장 먼저 동료들의 호감을 사야 한다. 조직생활에서 꼭 필요한 자질을 갖춘 직원, 회사에서 진짜 원하는 사람, 이를테면 팀장이 되고 임원이 되는 사람들은 분명 다른 동료들에 비해 호감을 사는 능력이 뛰어나다. 이들은 다른 누군가에 비해 설령 개인 스펙이나 실무 능력이 부족하더라도 호감을 얻음으로써 자신의 부족한 부분을 보완할 수 있었다.

아무리 똑똑하고 업무 능력이 뛰어난 사람이라도 동료들로부터 호감을 사지 못한다면 조직 지능이 떨어질 수밖에 없다. 상사는 이런 사람에게 절대 중책을 맡기지 않는다. 회사가 붙잡는 사람이 되기 위해선 사람들의 호감을 살 수 있어야 한다.

사실, 호감을 사는 능력은 그리 어려운 게 아니다. 일 때문에 어쩔 수 없이 만나는 사람이 되지 않는 것, 이것이 시작점이다. 일을 떠나서 사적으로 만나 차 한 잔 하고 싶고, 밥 먹고 싶은 사람이 되자. 직장에서 생존하는 비결 중의 비결, '호감을 사는 능력'을 키우면 당신은 분명 조직에서 없어선 안 될 최고의 인재가 될 것이다.

*

02

회사는 절대
당신을 지켜주지 않는다

IMF 외환위기를 겪으면서 다음과 같은 신조어들이 생겨났다.

- 이태백 : 20대 태반이 백수
- 삼초땡 : 30대 초반이면 명예퇴직
- 삼팔선 : 38세까지 직장 근무
- 사오정 : 45세가 정년
- 오륙도 : 56세까지 근무하면 도둑

이제 서른 후반, 마흔 초중반만 되면 실직을 걱정해야 하는 시대가 되었다. 1998년 2월, 당시 노사정 합의 내용을 보면, 원칙상 '정리해고는 노사정 합의에 따라 긴박한 경영상의 이유에만 실시'하도

*

록 했다. 그러나 현실은 다르다. 잊을 만하면 휘몰아치는 구조조정의 칼날 앞에 직장인은 그야말로 파리 목숨처럼 위태롭기만 하다. 이로 인해 직장인들의 우울증은 심각해지고 있고, 이에 발맞추어 이직 또한 불가피한 현실이 되고 있다.

회사는 더 이상 나를 지켜주지 않는다. 이제 평생직장이라는 것은 옛말이 되었다. '종신고용제'라는 단어를 쓰는 회사는 거의 찾기 힘들다. 입사한 첫 직장에서 정년을 맞는 경우는 극소수이며, 시간이 갈수록 그 비율도 줄어들고 있다.

요즘 취업을 준비하는 대학생들에게 소원을 물으면, 너나없이 "안정된 직장을 갖는 것"이라고 답한다. 아닌 게 아니라 그들은 입학하자마자 입사 준비를 시작한다. 한 여대생의 말이다.

"대학생활이요? 입사(入社) 입시 때문에 고3의 연장처럼 느껴지기도 해요. 봄 개강 파티, 벚꽃 나들이, 대학 축제 등등 그런 대학생활의 낭만을 즐길 여유는 사라진 지 오래예요."

이런 말이 피부에 와닿지 않는다면 지금 당장 대학 도서관에 가보라. 아침 일찍부터 자리 잡은 학생들이 눈에 불을 켠 채 토플, 토익이며 각종 자격증을 따기 위해 안간힘을 쓰고 있다. 그들은 스펙이야말로 입사전쟁에서 승리를 안겨줄 강력한 무기라고 믿는다.

내가 아는 한 후배도 입사전쟁의 결전을 앞두고 스터디 그룹을 결성해 동분서주하고 있다. 여름방학 기간에는 인턴 활동, 그다음 겨울방학 기간에는 어학연수 등등 1년 치 스케줄이 계획표에 빼곡히 들어차 있다. 때문에 그에게는 친구들과 여행을 하거나 미래의 큰 그림을 그려볼 여유가 없다.

물론 그들이 피나는 노력으로 스펙을 쌓아 입사전쟁에서 승리했다고 하여 지금보다 여유로운 생활을 누릴 수 있는 것은 아니다. 입사하는 순간 사회라는 진짜 무대 위에서 펼쳐지는 더 큰 고난을 맞닥뜨린다. 하루하루를 살얼음판을 걷는 심정으로 살아가야 한다. 진짜 무한경쟁에 들어서는 것이다. 이러한 분위기에서 다람쥐 쳇바퀴 돌듯 같은 일만 반복하는 사람이 된다면 어떨까? 경쟁력이 떨어져 언제 책상을 비워줘야 하는 신세가 될지 모른다. 언제 파리채에 맞아 죽을지 모르는 파리 목숨이 되는 것이다.

지금 하고 있는 일이 나 아니면 할 수 없는 일이라면 그의 미래는 밝다. 그러나 아무나 할 수 있는 일, 몇 시간 혹은 며칠 만에 인수인계할 수 있는 일이라면 그의 미래는 불 보듯 뻔하다. 이런 상태는 진짜 주인이 나타날 때까지 잠시 자리를 맡고 있는 임시직에 지나지 않는다. 자신의 자리가 언제 사라질지 모르는 안개 같은 존재에 불과한 것이다.

이처럼 목숨이 왔다 갔다 하는 지금의 냉혹한 경쟁 시대에서 생존을 보장하는 필살기란 결국 두 가지다.

첫째, 전문성을 가져야 한다.

자신의 실력을 끊임없이 갈고닦아 전문성을 갖춘 사람, 즉 전문가가 되어야 한다. 전문가의 사전적 의미는 '어떤 분야를 연구하거나 그 일에 종사하여 그 분야에 상당한 지식과 경험을 가진 사람'이

*

다. 확실히 지금은 전문가의 시대, 라이선스의 시대다. 이러한 사회적 시스템 속에서 자기 분야의 퍼스널 브랜딩이 확립된 사람은 앞으로 더욱 잘나가고 성공할 수밖에 없다.

요즘 직장인들은 '내 분야의 전문성을 어떻게 확보할 것인가?'를 놓고 고민한다. 문제는 대부분의 직장인이 전문성이라는 단어의 개념을 오해하고 있다는 점이다.

우리는 일상에서 전문가들을 쉽게 만날 수 있다. 그들은 자신의 일을 10년, 20년 반복하면서 숙련된 기술을 체득했다. 예컨대 기막힌 반죽으로 수타면을 만드는 중국집 주방장, 콩알만 한 보석에 1밀리미터보다 가는 선으로 멋진 문양을 내는 보석 세공사, 자판기에 캔 음료 세 박스를 단박에 채워넣는 고속도로 자판기 관리원 등등, 이들은 정말 보면 볼수록 진기한 기술을 갖고 있다. 일반인에 비해 작업 속도가 몇 배나 빠른 것은 기본이다. 감히 흉내 낼 수 없는 이들의 기술은 상상을 초월하는 많은 시간과 노력을 투자한 결과다.

그러나 내가 말하는, 회사에서 키워야 할 전문성은 이런 부류의 것이 아니다. 오늘날은 더 이상 성실성과 업무의 양으로 승부하지 못한다. 지금은 정보화 시대인 만큼 컴퓨터와 디지털 기기가 사람의 인력을 대체해나가고 있다. 자동차 생산라인 공정 대부분도 사람 대신 정밀하게 제어되는 로봇이 진행한다. 그러므로 기계가 할 수 없는 부가가치가 높은 일, 난이도가 있는 일을 처리할 사람, 즉 전문가가 되어야 한다. 이런 종류의 일을 해오고 있다면 그는 자신의 분야에서 전문가라고 할 수 있다.

둘째, 회사와 상생(相生)하기 위해 먼저 회사 입장에서 생각한다.

회사에 몸담고 있다면 자신의 이익보다 회사의 이익을 우선 생각해야 한다. 회사가 어려움 없이 성장해야 비로소 나도 성장할뿐더러 존재할 수 있다. 회사가 꾸준히 성장하기 위해서는 두 가지 방법밖에 없다. 비용을 줄이거나 매출을 늘리는 것이다. 하지만 두 가지 모두 한계가 있다.

지금은 대부분의 기업이 생존하기 위해 긴축경영을 하고 있을 만큼 IMF 외환위기 때보다 더 심각한 불황의 시기다. 종합주가지수, 수출 증가율, 취업률 등 주요 경제지표에는 이미 적색 신호가 들어왔다. 이런 환경에서 자신이 사장이라고 생각해보라. 긴박한 경영상의 이유가 생기면, 비용을 최소한으로 줄이고 더 이상 직원을 고용하지 않는 결정을 내릴 것이다. 그러면서 회사의 매출을 늘리기 위해 공격적인 전략을 구사할 것이다. 살아남기 위해 나가는 돈줄을 최대한 틀어막는 일에 착수할 것이다. 매출은 늘리면서 원가는 줄여야 이윤이 증가하고 리스크로부터 벗어날 수 있다.

회사는 수익을 위해 존재하는 곳이다. 따라서 어느 회사이든 일을 생산적으로 함으로써 수익을 안겨주는 직원을 귀하게 여기는 법이다. 그렇다면 회사에 수익을 가져다주기 위해 어떻게 해야 할까? 방법은 크게 세 가지다.

*

- 매출을 늘려준다.
- 수익이 높은 제품을 개발한다.
- 비용을 줄여 원가절감을 한다.

생존을 넘어 성공의 사다리를 오르려면 이 세 가지를 실현하는 사람이 되어야 한다. 즉, 회사에 돈을 벌어주는 사람이 되어야 하는 것이다. 이를 위해선 자신이 하고 있는 일에서 '창의성'을 겸비한 전문가가 되어야 한다. 잘나가는 사람들은 하나같이 전문성을 가지고 있다. 그 전문성은 하루아침에 뚝딱 가지게 된 것이 아니다. 내일을 기약할 수 없는 현실에서 꾸준히 자신의 전문성을 갈고닦은 결과이다.

나는 회사의 녹을 먹고 있는 사람들에게 무엇보다도 회사의 매출을 올려주는 사람이 되라고 말한다. 내가 속한 회사의 이익을 내지 못하면 회사는 성장할 수가 없다. 신기술 등의 연구 개발에 힘을 쏟을 여력은 물론이거니와 직원들의 복리후생마저 축소하게 된다. 성장이 멈추는 순간 위기가 닥치는 것이다. 연봉은 깎이고 자리 보전마저 불투명해진다. 가족에게 일용할 양식을 제공해주는 일에 적색 신호가 뜨기 시작한다.

그러나 회사의 이익 도모로 회사가 성장하게 되면, 결과적으로 나의 생존은 물론 성장도 보장된다. 그런데 대부분 자신이 먼저 살고자 안간힘을 쓰고 있다. 내가 먼저 살아야 회사가 산다고 착각하는 것이다.

*

나는 회사를 탓하는 사람들에게 이렇게 충고하고 싶다.

"회사를 탓하지 말라. 회사는 죄가 없다. 그동안 전문성을 갈고 닦지 않은 당신 자신을 탓하라. 그동안 자신의 이익을 먼저 생각했다면 지금부터라도 회사 이익을 우선시하라. 회사에서 받을 돈만 생각하기보다 회사에 돈을 벌어다주는 사람이 되라."

회사는 절대로 당신을 아무 이유 없이 지켜주지 않는다. 그렇기에 스스로 나를 지켜나가야 한다. 회사에서도 특출한 사람이 경쟁에서 살아남는다. 그래서 나는 취업을 준비하는 후배 대학생들에게 이렇게 조언한다.

"회사에 대해 제대로 공부하라. 회사의 비전과 조직이 돌아가는 방식, 생산성을 극대화할 방법에 대해서도 연구해야 한다."

자신이 하는 일에서 다른 누군가로 대체될 수 없는 전문가가 되어야 한다. 전문가가 된다면 회사가 당신을 지켜주지 않더라도 스스로 자신을 지킬 수 있다. 그러기 위해선 자신이 맡은 업무를 피가 되고 살이 되도록 열심히, 꾸준히 해야 한다. 그것만이 진정한 실력을 갖추는 길이며 전문적인 가치를 창출하는 방법이다. 절대 조급해하지 말고 오랜 시간 자신의 분야에서 전문성을 갈고닦아라.

*

03

회사는 당신의 이름보다 성과를 기억한다

글로벌 제네릭(복제약) 기업 한국산도스의 박수준 대표이사. 그는 지금 한 조직의 수장이지만, 그 옛날 제약 회사 영업 사원으로서 처음 직업세계에 발을 디뎠을 땐 숫기 없는 그저 그런 사원에 불과했다. 당시는 접대 영업이 판을 치던 시절이었다. 그러니 그는 활달한 동기들과 비교해볼 때 더더욱 경쟁력이 없어 보였다. 하지만 입사한 그해 말, 그는 전체 영업 사원 중 실적 1위로 '영업왕'의 영예를 거머쥐었다. 그는 첫 직장인 한국화이자제약에서 근무할 때 6년간 영업왕 자리를 놓친 적이 없었다. 그가 말하는 영업왕의 비결은 '말하는 영업'이 아닌 '듣는 영업'에 있었다.

"주 고객인 의사 선생님에게 우리 제품의 좋은 점을 나열하기보다는 오히려 제품에 대해 묻고 배움을 요청했던 게 좋은 인상을 남겼다고 생각합니다. 회사에서 제품에 대해 배웠는데 이해가 안 가니 가르쳐달라고 부탁했지요."

제품 설명은 슬라이드 프로젝터용으로 정리한 이미지를 보여주는 걸로 대체했다. 그러면서 그는 고객 의사들과 친해졌다. 그는 자신이 이야기하는 게 별로 없었는데도, 마음이 편하고 통하는 것 같다는 이야기를 고객들에게 듣곤 했다. 많은 영업 사원이 쏟아내는 제품 설명에 지친 의사들에게 그의 '듣는 영업' 전략이 적중한 것이다. 물론 이런 전략이 나올 수 있었던 것은 가르치는 일에 익숙한 의사들의 특성을 간파한 덕분이다. 이것이 결국 타의 추종을 불허하는 성과로 이어진 것이다.

이젠 어느 분야이건 성과를 내는 사람만이 살아남는 구조가 되었다. 과거 '철밥통'으로 인식되었던 대학 교수들 역시 마찬가지다. 교육과학기술부(현 교육부)가 지난 2011년 교육·연구의 질적 향상을 목적으로 대학에 도입한 '성과급적 연봉제(성과연봉제)'는 업적 평가에 따라 교수들을 S, A, B, C 등급으로 나누고, 성과연봉을 차등적으로 지급하는 제도다. 그래서 연구 성과를 많이 낸 교수는 더 많은 성과급을 가져가고, 그렇지 못한 교수들은 성과급을 적게 받거나 심하면 한 푼도 못 받을 수 있다. 기존의 전공 분야 학생들에게 좋은 강의만 제공하면 존경받던 대학 교수들도, 이젠 성과연봉제가 실시되면서 사뭇 다른 환경에 처하게 된 것이다.

이처럼 사회 모든 직종에 걸쳐 연봉제 도입이 보편화되고 있다. 여기서 말하는 연봉제란 개개인의 능력, 실적, 공헌도에 대한 평가를 통해 연단위의 계약에 의해 임금액이 결정되는 '능력 중시형 임금 지급체계'를 의미한다.

처음 회사에 입사하면 사원증을 받는다. 사원증에는 본인 식별을 위한 사진과 이름 석 자가 또렷이 박혀 있다. 직장인이라면 누구나 사원증을 받고 출근했던 그 첫날을 기억할 것이다. 그러나 그러한 설렘도 잠시, 회사는 사원증에 적힌 이름보다 성과를 더 기억하기에 시간이 갈수록 개인 평가로 이어지는 압박감은 커져만 간다.

팀별 평가도 마찬가지다. 팀별로 연간 업무 목표 성과를 수립하고, 연말에 이에 대한 세부항목별 상세 평가를 하게 된다. 철저한 성과 위주의 평가를 통해 구성원과 조직으로 하여금 능력을 100퍼센트, 아니 그 이상 발휘하도록 자발적인 동기부여를 한다.

기업이 연봉제를 채택하는 이유가 바로 여기에 있다. 실질적으

로 IMF 외환위기 이후 '성과주의 인사'가 한국 기업들의 중심적 인사제도로 확산되었다. 국내 기업 중 연봉제 도입 비율은 1996년 1.6퍼센트에 그쳤으나 2007년 52.5퍼센트로 절반을 넘어섰다. 현재도 계속 증가 추세에 있는데, 대다수의 기업이 연봉제 또는 성과 배분제를 채택하고 있다.

연봉제의 근간이 되는 성과주의란 성과를 낸 곳에 이익을 배분하는 것을 말한다. 과거 1970~1980년대 산업 시대의 기업처럼 여러 곳에 이익을 골고루 공평하게 배분하지 않는다. 이익을 내는 사업부, 그중에서도 핵심부서를 집중하여 격려하고, 사내 입지를 공고히 해가며 인재를 육성하는 데 중점을 두고 있다.

시대가 변하면서 인기 직종도 조금씩 변해간다. 경제 성장기의 흐름 속에서 호황을 한창 누렸던 1990년대에는 종합상사 회사원이 인기였다. 어디 종합상사에 다닌다고 하면 딸 가진 집안의 사위 1순위가 될 정도였다. 하지만 IMF 외환위기를 지나고 2000년대에 들어서면서 기업들은 험난한 경영환경을 헤쳐나가기 위한 기획통, 즉 경영전략 전문가를 선호했다. 그러다 2010년대 진입하면서부터는 또 양상이 달라졌다. 리먼브라더스 사태 이후 세계 불황 여파로 경기침체가 계속되자, 더욱더 중요한 부서로 부상한 것이 바로 영업부서다. 왜냐하면 위기 속에서도 각 산업 분야의 최전선에서 신규고객을 유치하고, 끊임없이 매출을 올리며, 친절하고 최적의 고객관리 활동으로 회사 브랜드 파워를 높이기 때문이다. 명실상부한

*

실적을 바탕으로 회사 성장의 견인차 역할을 하는 게 바로 영업부서인 것이다.

회사가 위기에 빠졌을 때, 가장 먼저 인원을 줄이는 곳은 연구부서, 생산부서다. 경영이 위축된 만큼 연구 개발과 생산을 줄이는 것은 당연하다. 반면, 판매 시장이 존재하고 회사가 도산하지 않는 한 끝까지 유지되는 곳은 영업부서다. 사실, 영업부서는 회사를 먹여 살리는 실질적인 부서라 할 수 있다. 회사에 자금이 돌게끔 하고 그 자금으로 상품 개발, 기술 개발이 가능하도록 만들기에 영업은 그야말로 회사의 생명인 셈이다.

야구의 신, 김성근 감독의 저서 『리더는 사람을 버리지 않는다』에는 이런 대목이 있다.

리더는 성과로 증명해야 합니다. 아무리 마음이 좋고 인간적이라도 성과가 없으면 한계가 있습니다. 야구의 신이 된 것은 그만큼 성과가 좋았기 때문입니다.

그는 당시 만년 꼴찌 태평양 돌핀스를 2등까지 끌어올리고, SK 와이번스 시절 2년 만에 이 팀을 한국시리즈에서 우승시켰다. 그뿐만 아니라 4년 연속 한국시리즈 진출이라는 대기록을 수립했다. 야구에 자신의 모든 것을 바쳤다고 해도 과언이 아닌 그는 지금 야구계의 진정한 리더로 꼽힌다. 그가 진정한 리더로 꼽힐 수 있었던 이유를 냉철하게 판단해본다면 '성과로 말하는 리더'였기 때문이다. 아무리 인간적인 감독이라고 해도 성과가 바닥이라면 팬들은 등을 돌리고 만다.

김성근 감독은 SK 와이번스 선수들의 특성을 파악하고 이에 맞는 최적의 야구 운영으로 강팀을 만들었다. 선수 대부분은 유망주와 재활 선수였다. 인천에 터를 잡은 지 10년 남짓한 SK는 그동안 홈 관중수가 10배 이상 증가했는데, 이는 프로야구 역사상 유일무이한 기록이다. 처음부터 그는 '신생팀으로서 팬을 모을 가장 좋은 수단은 무엇일까?'에 대해 고민했을 것이다. 모든 스포츠가 그렇듯 이겨야 팬이 생긴다. 그래서 그 답으로 성적, 즉 '실적'을 떠올렸을 것이다.

기업도 마찬가지다. 기업에서 일하는 직원은 무조건 실적이 받쳐줘야 한다. 실력이 바닥이라면 곧장 태클이 들어오고, 얼마 뒤 책상을 빼야 하는 불상사가 생긴다. 그래서 인사고과도 승진급도 실적을 따라가는 것이다.

초일류 기업은 철저한 능력주의, 실적주의로 직원들에게 동기를 부여하고 의욕을 북돋운다. 직원들 역시 저마다 최대의 능력을 발휘하고자 한다. 그렇게 목표 달성 가능성이 높아지는 선순환이 일어난다. '마당 쓸고 동전 줍기'처럼 능력주의, 실적주의를 도입한 후로 경영자 마인드를 가지는 직원들이 늘어났다. 달리 말하면 사장의 마음을 아는 직원이 많이 생겨났다는 뜻이다. 성과제 도입으로 근로자는 본인의 능력 여하에 따라 임금을 더 받을 수 있어서 좋

*

고, 경영자는 인건비 절감 및 생산성 향상 그리고 회사의 전사적(全社的) 목표를 향해 임직원들과 행동을 같이할 수 있어서 좋다.

물론 능력 위주, 성과 위주의 인사정책만이 능사는 아니다. 이러한 인사정책에도 단점은 있다. '효율과 통제 위주의 인력관리', '과정보다는 손익 위주의 결과 추구', '성과에 연동한 금전적 보상 차별화'에서 보듯, 금전적인 면에 너무 치우친 면이 있다. 아직은 정서가 연공서열에 익숙한 것이다.

연봉제나 성과급제에 대한 가장 큰 우려는 한 개인의 업적을 과연 얼마나 공평하고 정확하게 평가할 수 있느냐 하는 점이다. 결국 평가하는 주체가 신처럼 완벽하지 못한 사람이기에 개인의 주관성을 완전히 배제할 수 없다는 한계를 지닌다. 따라서 한 사람의 능력이나 태도에 대한 평가는 인사고과자의 경험에 좌우되고, 자연히 주관적 견해와 감정이 개입되게 마련이다. 현재 어떠한 개인이나 단체도 이러한 인사고과의 주관성을 해결할 답을 가지고 있지 못하다. 이것이 한국 기업이 하는 인사고과의 '아킬레스건'이라고 할 수 있다.

그래서 대안으로 평가 시, 실적과 역량에 대한 평가를 다원화하기도 한다. 금전 위주의 평가 시각에서 벗어나 인정, 격려, 육성 등의 다른 방식으로 보상하자는 의견이 나오기도 한다.

그러나 이익 중심으로 편중된 성과제도를 어떻게 보완하든 간에, 우리가 회사에서 살아남는 방법은 오직 하나다. 자신이 하는 일에서 목표를 정하고, 전략적으로 일하여 성과를 내는 것이다.

＊

일을 했으면 성과를 내는 것은 당연한 이치다. 성과를 내지 못하는 직원은 썩은 사과로 낙인찍히게 마련이다. 아무리 경제가 어렵고 기업이 경영난을 겪고 있다 하더라도 성과를 내는 직원은 승승장구하게 되어 있다. 오히려 기업이 어려울수록 성과를 내는 직원은 엘리베이터를 타고 고속승진하게 된다.

회사에서 일용할 양식을 구하고 있는 이상, 한시도 회사가 당신을 채용해준 이유를 잊어선 안 된다. 거듭 강조한다. 회사는 당신의 이름 석 자보다 당신의 실적과 성과를 더 선명하게 기억한다는 점을 명심하라.

04

당신의 입지가 위태로워질수록
동료들은 반긴다

패자보다 승자에게 적이 더 많다. 승자가 되었다는 것은 그만큼 자신의 신념으로 목표를 이루기 위해 많은 사람을 이기고 그 자리에 올랐다는 뜻이다. 그러니 자신에 대해 좋지 않은 감정을 가진 사람들이 많을 수밖에……. 하지만 갈수록 기대되는 사람, 큰사람이 되려면 적을 최소화해야 한다. 적이 적을수록 입지가 탄탄해질 것이기 때문이다.

나는 그동안 직장생활을 하면서 회사가 붙잡는 사람과 스스로 회사를 떠나는 사람을 여럿 보았다. 그들을 보면서 두 부류의 차이점을 하나로 귀결시킬 수 있었다. 회사가 붙잡는 이들은 하나같이 입지가 탄탄한 사람들이었다. 입지란 개인이나 단체가 차지하고 있는 기반 혹은 지위를 뜻한다. 쉽게 말해 각자 자신이 맡은 포지션이라 하겠다. 입지(立地)의 사전적 의미는 '인간이 경제 활동을 하기 위하여 선택하는 장소'다. 그렇다. 회사 내 입지는 꿈을 펼치는 장이고, 밥 벌어먹기 위한 장소이고, 내가 매일 일하는 터전이다.

회사에서의 입지는 주로 업무 능력, 동료들과의 원만한 관계를 통해 다져진다. 그래서 입지가 탄탄한 사람은 승승장구할 가능성이 높다. 반면, 입지가 위태로운 사람은 그 조직에서의 기한이 거의 다 되었다고 보면 된다.

그러므로 회사 내에서 자신의 입지에 문제가 생겼다면, 이는 정말 심각한 상황이 아닐 수 없다. 입지가 위태로운 경우로 다음 몇 가지를 꼽을 수 있다.

- 승진 누락
- 중요 프로젝트에서의 제외
- 한직으로 발령

이와 같은 일을 실제로 당한 사람들은 잘 안다. 그 좌절감이 얼마나 깊은지를 말이다. 그래서 이런 일을 겪게 되면 "내가 그간 회사를 위해 얼마나 헌신했는데 이따위로 나를 대해?", "그동안 이놈의 회사를 위해 몸을 바쳐 일한 대가가 고작 이거야?" 하며 강한 배신감을 느낀다.

내 지인 중 S 증권사에 근무하는 K 선배 역시 기대했던 승진에서 미끄러진 후 한동안 만나는 사람들에게 회사에 대한 서운함을 토로하고 다녔다. 그는, 자신은 회사를 위해 뼈가 부서져라 일했는데, 빈둥빈둥 놀고먹은 식충이를 승진시켰다면서 분노했다. 급기야 그는 술자리에서 선언하듯이 말했다.

"젠장! 더러워서 못해먹겠어. 입사 동기도 아닌 후배에게 상사 대접을 해야 한다니…… 이쯤 되면 회사에서 나가라, 이 말 아니겠어? 그래, 결심했어! 난 경쟁사로 이직할 거야! 아니면 이참에 내 회사를 차릴까?"

입지가 탄탄해야 성공적인 직장생활을 할 수 있다. 입지를 다지자면 동료들 사이에서 매너를 지켜야 한다. 동료들 간의 매너란, 바로 긴밀한 협동과 상대에 대한 배려를 말한다. 이러한 매너들이 모일 때 조직은 회사의 발전과 성과 달성이라는 하나의 비전을 향해 나아갈 수 있다.

위 사례에서 보듯, 대부분의 사람은 회사 내 입지가 위태로워지면 위기의식을 느낀다. 자신이 설 자리가 없다고 여기는 것이다. 그럴 경우 동료들은 더욱 반기고 환영한다. 물론 겉으로는 위로해주는 척하지만 말이다. 가장 무서운 적은 가장 가까이에 있다는 말은 그래서 사실이다.

조직을 떠나는 일은 언제든지 할 수 있다. 다만, 홧김에 조직을 떠난 후 구체적인 대안이 없다면 재앙이 시작된다. 나 혼자만 힘든 것이 아니라 가족 전체가 힘들어진다. 그래서 나는 준비가 안 된 채 사표를 쓰겠다고 나서는 사람은 냉정하게 고려해보라고 충고한다. 회사 내에서 자신의 입지가 좁아져 사직 혹은 이직을 해야 한다면

*

절대로 성급히 행동해선 안 된다. 신중에 신중을 기해야 하는 것이다. 먼저 자신의 입지가 좁아진 원인을 냉철하게 파악해야 한다. 그래야 다른 조직에 가더라도 같은 상황에 처하지 않는다.

일반적으로 직장인들의 입지가 좁아지는 원인으로 다음 세 가지를 꼽을 수 있다.

첫째, 성과를 채우지 못한 경우다.

이런 경우에는 효율적으로 일해서 다음 평가 때 목표 성과를 달성하면 된다. 예컨대 우리 영업 2팀의 연말 성과가 치열하게 경쟁하고 있는 영업 1팀에 비해 80퍼센트밖에 되지 않았다 치자. 이것은 전적으로 나 자신의 문제다. 노력이 부족했거나 전략이 적중하지 못했다면, 책임을 통감하고 자신이 팀장으로서 혁신해 팀원들과 실행 능력을 향상시키면 된다.

둘째, 나의 사내정치력 부족인 경우다.

사내정치란 고용된 조직 내에서 이익을 얻기 위한 목적으로, 공적으로 보장된 권한을 넘어 자기 권한을 행사하는 것을 뜻한다. 보통 성과가 부족한 것이 아님에도, 사내정치로 인해 자신의 입지가 좁아진 경우 꽤 당황스럽다. 그래서 사내정치는 직장인으로서 성공하기 위한 조건이 되기도 하고, 조직의 상호 신뢰성을 떨어뜨리는 주범이 되기도 한다.

그렇다고 크게 낙심할 필요는 없다. 조직 내 정치를 무조건 부정적으로 볼 필요도 없다. 한국에서 유수의 거대기업뿐만 아니라 중소기업, 심지어 소규모 인터넷기업까지도 사내정치는 흔하게 벌어진다. 그렇기에 조직의 생리를 어느 정도 이해하고 활용할 수 있도록 대응력을 키워나가면 된다.

모든 조직이 그렇듯, 구성원이 모여 있는 회사라는 조직은 최고경영자를 정점으로 하는 피라미드 형태를 띠고 있다. 따라서 어차피 경쟁과 더불어 사내정치를 피할 수 없다면 이에 대한 면역력을 갖추는 쪽으로 방향을 잡으면 된다.

셋째, 내가 밀려난 이유가 상사의 판단 오류인 경우다.

경영자나 결정권자의 판단 착오라면, 오히려 단기간 내에 회복이 가능할 수도 있다. 그 경영자가 실제 상황을 정확히 인지하지 못하고 결정했다면 가서 시정을 요구하자. 너무 부정적인 모습을 보이지 않는 선에서 지속적으로 결정권자에게 요청해야 한다.

다소 무모해 보이겠지만 이렇게 해야만 하는 이유는 두 가지다. 하나는 내 의견을 누가 대신 말해주지 않기 때문이다. 또 하나는 상사 자신도 잘못된 결정인 줄 모르고 넘어가기 때문이다. 물론 직장 내에서 경영자나 결정권자에게 직접 어필하는 일은 용기가 필요하다. 다만, 용기가 지나쳐 관계를 망쳐선 안 된다.

위 세 가지 경우 모두 실제로 당한 게 아니라 그렇게 되었다 상상만 해도 무척 고통스럽다. 보통 사람이 아니라, 평소 강단 있고

*

소신 있게 업무를 추진하던 사람도 각종 혼란과 실패 감정을 느낀다. 그렇다 하더라도 결코 흥분해서는 안 된다. 흥분하면 모든 것을 더욱더 망칠 뿐이다.

대인관계를 기반으로 한 정치력에 소질이 없다면 최소한 자신의 일에 대해서는 전문성을 갖추어야 한다. 그리고 조직 내 커뮤니케이션으로 자신의 존재 가치를 평소 충분히 어필해야 한다. 동료들에 비해 빨리 승진하는 사람들은 평소 부지런히 사내 네트워크를 형성해 자신의 가치를 알린다는 공통점이 있다.

평소 이런 준비를 하지 못했거나, 성격상 자신에게 적합하지 않다고 생각된다면 대안은 두 가지뿐이다. 어떤 고난에도 돌부처처럼 참고 견디든지, 속히 조직을 박차고 나가는 것이다. 그렇지 못하면 입지가 좁아질 대로 좁아져 조직 내에서 그저 버티기에 들어갈 수밖에 없다. 그러면 갈수록 직장생활이 괴롭기만 하다. 괴로움이 깊어지면 회사가 등 떼밀지 않아도 제 발로 사표를 쓰고 나가게 마련이다.

*

05

친한 동료가
가장 위험하다

한 대학생에게 메일을 받았다. 현재 대학 3학년생인 그는 방학 동안 경험 삼아 가락동 농수산물 시장에서 무등산 수박을 내리는 아르바이트를 하고 있다고 전했다. 그는 메일 끄트머리에 마지막 질문으로 '저와 함께 일하게 될 거기 직원들과 사적으로 친해져야 할까요?'라고 물었다. 나는 그에게 이렇게 대답했다.

'아니요. 억지로 친해질 필요는 없어요. 다만, 최소한의 예의는 지키고, 함께 일하는 사이니까 서로 도움을 주려는 기본자세와 업무 태도는 유지하세요.'

요즘은 대학생들뿐만 아니라 직장인들도 비슷한 고민을 하고 있다.

'함께 일하는 동료에게 얼마나 나 자신을 오픈할 것인가?'

*

'어디까지가 적정한 사회생활인가?'

흔히들 이렇게 말한다.

"회사에서 동료로서 신뢰를 얻기는 쉬워도, 사람 대 사람으로 신뢰를 얻기란 힘들다."

그렇다. 업무적으로 동료들에게 신뢰를 얻는 건 쉽다. 그저 내게 주어진 일에 최선을 다해 성과를 발휘하거나 믿음이 가도록 일한다면 동료들에게 신뢰를 얻을 수 있다. 여기에 동료의 요청이나 부탁을 들어준다면 더 빠르게 호감을 살 수 있다. 즉, 직장에선 탁월한 능력과 성실함만 보여주면 원만한 관계 형성에 별 무리가 없다.

그러나 '사적인 인간관계', 즉 동료와 마음 대 마음으로 커뮤니케이션을 하면서 신뢰를 쌓는 건 생각처럼 쉽지 않다. 인간관계나 대화법을 다룬 자기계발서에는 마음을 열고 동료에게 먼저 다가가거나 진정한 친구가 되어준다면 그의 마음을 살 수 있다고 말한다. 물론 이론상으로는 맞는 말이다. 하지만 요즘처럼 피 튀기는 무한 경쟁의 사회에서는 자신의 속내를 마음대로 터놓을 누군가를 만나기란 쉽지 않다. 더구나 직장에서 사적으로 마음을 주고받을 친구를 얻기란 정말 어렵다.

사실, 직장에서 어린 시절의 그 순수함으로 관계를 형성할 동료는 거의 없다고 보는 것이 옳다. 다들 머릿속에는 동료들보다 빨리 승진하거나 상사로부터 인정받기 위한 경쟁 심리가 약간씩은 자리하고 있기 때문이다. 이런 경쟁의식 때문에 즐거워야 할 직장생활이 때론 힘들게 느껴지기도 한다. 이것이 높은 자리로 갈수록 외로

✳

움과 함께 위기감이 고조되는 이유이기도 하다.

직장인들이 꼽는 불행한 이유 1위는 어려운 인간관계라는 설문조사가 있다. 이 설문조사를 보면서 같은 직장인으로서 100퍼센트 공감했다. 원만한 인간관계는 직장생활을 하면서 개개인마다 어떠한 비전과 목표를 가지고 있든 가장 민감하면서도 중요한 부분이다. 직장생활의 행복을 논할 때 많은 연봉과 폭 넓은 복지도 중요하다. 하지만 아무리 조건이 좋아도 동료들과의 관계가 불편하고 원만하지 못하다면 하루하루가 스트레스의 연속일 것이다. 어느 순간 연봉이고 뭐고 당장 직장생활을 그만두고 싶은 생각이 간절해질 것이다.

동료들과의 관계 때문에 퇴사하거나 이직한 대학 선후배가 꽤 있다. 그들은 하나같이 일이 힘든 건 참겠는데, 사람 때문에 힘든 건 참지 못하겠다고 토로했다. 그러고는 지금 다니는 회사는 비록 고연봉은 아니지만 사람 때문에 힘들지 않아 일할 맛이 난다고 말한다.

나는 개인적으로 친한 동료가 가장 위험하다고 생각한다. '적은 가장 가까운 곳에 있다'는 말처럼, 사실 직장 내에서의 적 역시 가장 가까운 동료인 경우가 많다. 친한 동료는 모든 면에서 나에 대해 가장 많이 알고 있다. 자라온 환경, 성격, 업무 면에서의 장단점도 명확히 파악하고 있기 때문에 자칫 잘못하면 잠재적인 위험요소로 돌변할 수 있다.

이 말에 혹자는 "동료가 어떻게 잠재적인 위험이 된단 말이야?" 하고 반문할지도 모른다. 그렇다면 이렇게 생각해보라. 지금은 관계가 원만해서 사적으로 힘든 일이 있을 때마다 퇴근 후 술잔을 기울이며 고민을 토로했다고 하자. 동료는 나의 사생활과 개인적인 가족사에 관해 너무나 많이 알게 되었다. 그런데 세상에 비밀은 없는 법! 그가 다른 동료들이나 상사에게 나의 단점과 약점에 대해 험담을 하게 된다면 어떤 일이 벌어질까?

동료에게 함부로 자신의 사생활을 털어놓는 것처럼 위험한 일도 없다. 아무리 동료와 호형호제하는 사이라도 모든 허물을 털어놓아선 안 된다. 직장생활을 길게 하는 비결 가운데 하나가 동료와 말할 때 적당한 수위를 유지하는 것이다. 옛 속담에 '열 길 물속은 알아도 한 길 사람의 속은 모른다'고 했다. 속마음을 감추거나 보기 좋게 포장한다면 그 사람의 마음을 알아내기가 어렵다는 뜻이다.

*

이러한 관계에서 오는 스트레스를 받지 않는 비결 중 하나는 넘치지도 모자라지도 않는 이상적인 동료관계를 유지하는 것이다.

얼마 전 후배들과 점심 식사를 하게 되었다. 그때 나는 이 장을 쓰고 있었기에 "친구와 동료의 차이는 무엇일까?" 하고 물었다. 한 후배가 "동료는 나의 유능함을 좋아하지만 친구는 나의 있는 그대로를 좋아해줍니다"라고 대답했다. 그렇다. 함께 직장생활을 하는 동료는 내가 맡은 바 일을 제대로 해내거나 자신에게 도움을 베풀 때 나에게 살갑게 군다. 하지만 반대로 업무에서 잦은 실수를 저지르거나 그에게 도움을 베풀지 않는다면 거리를 두게 된다.

직장은 일하는 곳이다. 개인적 인간관계 못지않게 조직의 목표와 성과에 대한 책임이 중요하다. 그런 면에서 보면 오히려 적당한 거리를 유지해야 업무 처리가 한결 편해진다. 상대가 호감 가는 동료일지라도 할 말, 해서는 안 되는 말을 가려야 한다. 동료와 밥을 먹거나 술을 마시며 분위기에 젖어 오늘 털어놓은 말들이 내일 어떻게 와전되어 동료들 사이를 떠돌아다닐지 알 수 없다.

S 기업에 다니는 L 선배는 직장 동료들과 원만하게 지내는 비결에 대해 이렇게 말했다.

"회사에서는 오로지 회사의 일에 몰두해야 하네. 업무 시간에는 집중력을 발휘해서 최고의 성과를 내야 회사로부터 인정받을 수 있어. 특히 명심해야 할 것은 어떤 동료와 친해졌다고 해서 자신의 사생활을 너무 세세하게 노출시켜선 안 된다는 거야. 그런데 많은 직장인이 이 부분을 제대로 관리하지 못해 구설수에 오르거나 동료와의 관계에 금이 가곤 하지. 동료에게 나의 사생활을 고백하는 것은 나 스스로 발등을 찍는 일과 같은 것임을 기억해야 해.”

만일 동료가 나의 상사가 되거나 내가 동료보다 먼저 승진할 경우, 필시 서로 불편한 관계에 놓인다. ‘사촌이 땅을 사면 배가 아프다’고, 동료가 자신보다 잘될 경우, 과거에 털어놓았던 비밀들이 어느새 동료들 사이에 새어나가게 된다. 실제로 나는 그동안 동료에게 아무 생각 없이 사생활을 털어놨다가 궁지에 몰린 사람들을 수없이 봐왔다. 그들을 보며 안타까웠던 점은 상대를 신뢰해서 고민을 털어놓은 것이 결과적으로 스스로를 벼랑으로 내몬 원인이 되었다는 것이다.

거듭 강조하지만 동료들과의 대화에는 적당한 선 긋기가 필요하다. 남들은 못 친해져 안달인데 배부른 소리 한다고 말할지도 모르겠다. 하지만 직장이라는 특수한 공간에서 누군가와 필요 이상으로 끈끈해지는 것만큼 피곤한 일도 없다. 적당한 선을 유지하기 위해서는 먼저 공적인 호칭을 사용할 필요가 있다. ‘○○ 씨’, ‘○○ 선배’와 같은 공적 호칭이 딱딱하게 느껴질 수도 있지만, “형님”, “언니” 하는 모양새보다 훨씬 보기 좋다. 알아서 공사를 구분해 호칭을 정하는 편이 윗사람 보기에도 바람직하다.

퇴근 후 저녁 시간도 마찬가지다. 직장인 대다수가 업무에서 오는 스트레스를 풀거나 동료들과의 팀워크를 다지기 위해 향하는 곳이 회사 근처 술집이다. 술잔이 몇 순배 돌다 보면 처음 경계했던 마음이 무장 해제되어 자신도 모르는 사이, 해선 안 되는 말들을 주

＊

저리주저리 까발리게 된다. 그런데 나중에 이런 말들이 비수가 되어 돌아온다.

지인 중 중소기업에서 근무하는 김 과장은 술자리에서 동료에게 "요즘 아내와 사이가 좋지 않아 이혼 위기에 있다"라는 자신의 치부를 드러냈다. 그가 동료에게 자기 고민을 털어놓자, 동료는 동시대를 사는 같은 처지의 가장으로서 거듭 위로를 건넸다. 그런데 다음 날 직원들 사이에 "김 과장이 이혼했다더라"라는 소문이 퍼져 있었다.

어느 회사에서든 시집, 장가 안 간 직원이 있다. 미혼 총각 K 사원은 술김에 "옆 부서 M 대리가 마음에 든다"라는 이야기를 했다. 그런데 이야기가 돌고 돌아 당사자인 M 대리가 직접 듣게 되었다. K 사원은 좋아한다는 말 한마디 직접 못한 채 흠모하는 마음을 접어야 했다.

P 차장은 회사일이 힘들다고 친한 동료에게 토로했다. 그런데 일주일 후 사내에 P 차장이 경쟁사로 곧 이직할 예정이라는 소문이 돌았다. 알고 봤더니 경쟁의식을 갖고 있는 한 동료가 일부러 말을 지어내 흘린 것이었다.

직장 내 이런 종류의 이야기는 무궁무진하다. 공통점은, 발단이 거의 다 술자리 또는 사석에서 무심코 흘린 이야기라는 점이다. 피곤하고 고통스런 직장생활을 하고 싶지 않다면 지나치게 사적인 내용을 동료에게 노출시켜선 안 된다. 철저히 자기관리를 해야 한다는 말이다.

*

요즘 카카오톡 같은 SNS로 하루에도 수십 번 사적인 대화를 하게 된다. 그런데 업무 외의 이야기를 많이 하다 보면 자신도 모르게 자신의 개인사를 많이 알리게 되어 약점을 노출시키고 만다. 사적인 전화를 할 일이 있다면 용무에 대해서만 간단히 이야기하는 것이 좋다. 동료에게 자녀 문제, 배우자 문제, 대출 문제, 건강 문제 등을 시시콜콜 알릴 필요는 없다.

직장 내에서의 유언비어로 고생하고 싶지 않다면 당신은 이 충고를 주의해서 받아들여야 한다. 어느 회사든 동료와 친밀하면 좋지만, 조직 안에서는 공적인 관계가 우선이라는 사실을 잊지 말자. 앞서 말했지만 동료가 진정한 친구가 되는 일은 직장인의 현실에선 거의 드물다. 현재 친하게 지내는 동료가 있다고 해도 지금의 직장을 그만두게 되면 필시 얼마 못 가 관계가 소원해진다. 이것만 봐도 동료들과의 관계가 얼마나 약한 끈으로 묶여 있는지 알 수 있다. 동료에게 사적인 이야기를 흘리는 순간 스스로 직장생활의 끝을 앞당기는 것과 같다는 사실을 기억하라.

끝으로 조선 시대의 김천택이 엮은 시조집 『청구영언(靑丘永言)』 일부를 소개하고자 한다. 날마다 직장에서 총성 없는 전투를 벌이는 직장인이 곱씹어볼 시조가 아닌가 한다.

말하기 좋다 하고 남의 말 하는 것이
남의 말 내가 하면 남도 내 말 하는 것이
말로써 말이 많으니 말 말을까 하노라.

＊

06
상사와 맞서는 것은
지는 게임이다

언젠가 취업 준비 중인 대학 후배들을 만난 적이 있다. 그들과의 대화 주제는 '입사 후 개인이 해야 할 혁신'이었다. 다소 묵직한 주제였기에, 나는 농담 반 진담 반으로 "인생에서 쉽게 바꾸지 못하는 세 가지가 무엇일까?" 하고 질문을 던졌다.

후배들은 저마다 자신의 의견을 내면서 모두 답을 궁금해했다. 나는 말했다.

"첫 번째는 이번 달 월급, 두 번째는 자기 아내, 세 번째는 지금 상사야."

당시 그 자리에서 그들 모두가 우스갯소리로 웃어넘겼다. 하지만 세월이 지난 지금 그 후배들이 회사의 핵심인력으로 성장한 만큼, 그들의 상사는 그냥 웃어넘길 가벼운 존재만은 아닐 것이다.

*

상사와 나는 다르다. 다르다는 말은 둘 중 하나가 틀리다는 뜻이 아니다. 타고난 기질과 자라면서 받은 환경적 영향으로 개인의 성격은 다 제각각인데, 어떻게 1년 내내 모든 사람과 평화롭기만 하겠는가. 또한 추구하는 스타일과 업무 진행 시 디테일이 다른데, 누구와도 조화를 이루는 완벽한 사람이란 없지 싶다.

특히, 상사는 내가 바꿀 수 있는 존재가 아니다. 상사는 내가 조직에 몸담고 있는 한 계속해서 존재한다. 언제까지? 입사해서부터 정년이 끝날 때까지! 아침부터 저녁, 월초부터 월말, 언제나 출근하면 상사가 그 자리에 있다. 상사도 시간 지나면 퇴직한다고? 마치 춘향전의 변사또처럼, 옛 사또가 퇴임하면 새로운 사또가 온다. 그러므로 상사와의 관계는 회사생활 전반의 색깔을 좌우할 만큼 중요하다.

상사와 부하 직원인 나의 차이는 무엇일까? 상사와의 관계에서 왜 그토록 힘이 드는 것일까? 모든 인간관계가 그렇듯이 원인은 나와 상사의 가치관이 다르고 사건을 보는 시각이 다르기 때문이다. 각자 다른 환경에서 수십 년간을 살아왔기에 모든 게 다를 수밖에 없다. 하다못해 화장실 똥파리도 보는 각도에 따라 금색, 녹색, 검은색으로 그 색깔이 달라 보인다. 그러니 사사건건 부딪쳐 머리 뚜껑 열릴 일이 비일비재한 것이다.

딸과 며느리가 밥을 태웠다. 두 젊은 여자가 똑같이 밥을 태워도, 딸이 태울 때와 며느리가 태울 때는 평가가 엄연히 다르다. 딸은 피곤해서 깜박 졸다가 태웠다며 안타까워하고, 며느리한테는 살

*

림할 때 정신 차리지 않는다고 타박한다. 엄연한 객관적 사실도 상황에 따라 상대적이며, 보는 사람의 관점에 따라 이토록 다르다.

따라서 서로 다르다는 이유로 상사와 맞서는 어리석은 부하가 되어서는 안 된다. 상사와 맞서는 순간 직장은 지옥이 되고 만다. 상사는 절대로 자신의 권위를 침범한 부하 직원을 그냥 두지 않는다. 지금 당장은 아니더라도 나중에 온갖 방법을 동원해서라도 응징한다.

한 후배로부터의 받은 이메일이다.

'2년 전 새로 부임한 상사와 서로 맞지 않아, 지난 십수 년간 발끊었던 종교에 다시 귀의했습니다. 감정적인 다툼 때문에 일도 안되고, 당시 저도 많은 고민을 하고 한 번쯤 들이받아야 하나 하는 생각으로, 매일 밤잠을 설치곤 했습니다. 그러나 2년이 지난 지금 생각해보면 어느 정도 참고 지낸 것이 그리 후회되지만은 않습니다. 물론 그동안 몇 차례 의견 대립이 있어 큰소리가 오가기도 했습니다. 하지만 상식선에서 아랫사람으로서 어긋난 행동을 하지 않고 최대한 참은 것이 그나마 지금까지의 관계를 유지할 수 있고, 직장 생활도 꾸준히 할 수 있는 원동력이 되었다고 믿고 있습니다.'

나는 후배의 이메일을 읽으면서 가슴이 짠했다. 그의 아픔이 고스란히 느껴졌기 때문이다. 나는 이렇게 조언을 붙여 답장했다.

'아무리 의견 대립이 있고 화가 나더라도 절대 상사와 맞서는 어리석은 행동을 해선 안 된다.'

내 조언이 도움이 되었는지, 그 후배는 예전에 비해 상사와 부딪

*

히는 일이 현저히 줄어들었다고 말했다.

상사는 항상 내 위에서 일하며, 팀과 조직을 통솔한다. 그래서 회사 입장에서는, 사소한 것 하나라도 챙기며 불철주야 회사를 위해 노력하는 상사가 더 가치 있다. 더군다나 우리나라는 유교적 전통문화와 군대문화로 인해 수직적 문화가 발달되어 있다. 그만큼 상하가 분명하다. 또한 많은 구성원 중에서 상사가 되었다는 것은, 그가 능력이 있다는 것이며 그 능력 중 어떤 면은 일반 사원이 보지 못하는 면도 있다. 그래서 상사와 맞서고 회사의 위계질서를 흩뜨리는 직원은 소위 찍힌다.

물론 상사 중에도 부하가 좋아하는 상사와 부하가 싫어하는 상사가 있긴 하다. 분명 직원들이 상사를 싫어하는 데는 다 이유가 있다. 시대가 변하면, 물론 상사도 사회의 변화를 알아서 캐치하고,

이제 들어온 X세대 또는 N세대들의 정서에 맞게 적절히 대처하는 센스도 필요하다. 그러나 이는 전적으로 상사의 문제다. 상사 마음인 것이다.

아랫사람 입장에서 부하는 어떤 경우에도 상사와 대립해선 안 된다. 아예 대립할 생각을 하지 말라. 쓸데없는 감정적 대립은 바람직하지 않다. 왜? 상사는 아랫사람에 비해 업무 경험도 많은 데다가 인사고과라는 키를 쥐고 있기 때문이다. 나는 그동안 상사와 '맞짱' 떠서 이긴 사람을 보지 못했다. 무엇보다 상사도 감정과 자존심이 있는 사람임을 간과해선 안 된다. '팔은 안으로 굽는다'고 자신을 이해해주고 챙겨주는 부하 직원에게 마음이 가게 마련이다. 맞서기보다 차라리 상사의 편에 서서 좋은 관계를 맺는 편이 훨씬 유익하다.

혹자는 "그렇다면 부하 직원은 매일 저자세로, 가슴에 한가득 한을 품고 살아야 하는가?"라고 반문할 것이다. 물론 그렇지 않다. 이메일, 블로그 등으로 직장인들을 상담하다 보면, '맘에 안 드는 상사를 어떻게 대해야 할까요?' 하는 질문이 꽤 많다. 이런 질문에 나는 이렇게 조언한다.

'상사가 어렵죠? 그래도 먼저 다가가세요. 상사에게 멘토가 되어달라고 용기 내어 먼저 부탁해보세요. 그리고 상사도 우리와 같은 사람이니, 인간적으로 관심을 가지시기 바랍니다. 회사 내 업무 혹은 상사와 함께하는 회사 밖의 일에도 관심을 가지고, 꾸준히 상사에게 도움 되는 일을 하세요. 그러면 관계가 좋아질 겁니다.'

*

좋은 직장 상사는 멀리 있는 것이 아니다. 부하 직원이 상사를 얼마나 따르느냐에 따라 좋은 상사가 되기도, 채찍 휘두르는 혹독한 상사가 되기도 한다. 상사가 자신에게 좋은 상사가 되기를 바라기 전에, 먼저 자신이 좋은 부하 직원이자 좋은 동료가 되도록 노력해야 한다. 직장에서의 인간관계 핵심은 상호작용이다.

때때로 자신의 출중한 능력만 믿고 상사를 무시하는 몰지각한 부하 직원들을 볼 수 있다. 직장생활을 오래한 사람이라면 사실 이들처럼 어리석은 사람은 없다는 것을 잘 알고 있다. 부하 직원에게 높이 올라갈 사다리를 제공할 것이냐, 아니냐의 권한이 바로 직속 상사에게 있기 때문이다. 상사가 별 영양가 없어 보일지라도 무조건 원만하게 지내야 한다. 중요한 순간에 상사와의 관계가 결정적인 발판 혹은 치명적인 걸림돌이 될 수 있기 때문이다.

상사와의 관계가 원만할 때 비로소 회사에서 인정받는 인재가 된다. 나는 후배들에게 상사와 함께하는 자리, 특히 공개 석상에 있을 때 주의해야 한다고 조언한다. 심지어 상사가 없는 자리에서도 말조심을 해야 한다. 그만큼 상사의 권위를 인정해야 한다. 어떻게 보면 상사는 왕 같다. 목숨을 좌지우지하는 최종 판결도, 한 해 농사 끝에 거두어들이는 세금도 결국 왕이 하자는 대로 이루어진다.

그렇다고 자신의 의견을 전혀 제시하지 말라는 뜻은 아니다. 의사소통에서 때로는 그 내용보다 전달하는 자세와 태도가 큰 영향을 미친다. 현명해져야 한다. 날이 선 칼보다 아이스크림처럼 부드러운 방법으로 대하면 좋다. 상사와 다투지 않고 인정받는 부하 직원

*

이 되기 위해선 뒤에서 상사를 밀어주고, 세워주고, 높여줘야 한다. 부하나 2인자는 상사의 뒤에서 상사를 보필해야 한다.

어떠한 사람이라도 장점은 가지고 있게 마련이다. 상사가 앞에 있든 없든 간에, 남들에게 상사를 높여주고 세워주는 발언은 나 자신을 이롭게 한다. 상사가 알고 있거나 모르고 있거나 그의 장점을 찾아내 구체적으로 칭찬하는 것도 관계 개선에 도움이 된다.

에이브러햄 링컨은 "모든 사람은 칭찬받기를 바란다"는 말로 칭찬의 중요성을 언급했다. 대부호 록펠러 또한 칭찬의 천재였다. 록펠러는 부하 직원이 100만 달러를 손해 낸 것에 대해 "자네가 아니었다면 이보다 더 큰 손해를 보았을 거야. 자네가 애쓴 덕분일세"라며 최선을 다한 부분을 인정하고 그의 노력을 칭찬하기도 했다.

상사와 다투지 않고 조화로운 관계를 형성하면 직장생활이 더욱 즐거워진다. 무엇보다 프로젝트를 성공적으로 마쳤을 때 그 공로와 영광은 상사가 보게 해야 한다. 그리고 상사의 호감을 사도록 노력하자. 절대 대립각을 세우지 말자. 전제군주처럼 모시고, 배우자. 마지막으로 그는 가치 있는 사람이고, 그가 빛나면 나도 함께 빛이 난다는 마인드로 상사를 대하자.

*

07

회식자리와 상갓집에서
운명이 결정된다

제약 회사 영업 사원으로 갓 입사한 새내기 K가 있다. 그는 사수인 O 대리에게 "직장 동료와 친해지기 위해서 무엇을 해야 하죠?"라고 물었다. 친절한 O 대리는 이렇게 조언했다.

"우선 동료들과 틈틈이 대화 시간을 갖는 게 중요해. 이건 서로에 대한 이해 차원의 노력이지. 동료가 일이 많아 야근할 때 적극적으로 업무를 도우면서 호감을 사려고 노력해봐. 그러면 동료들도 자네를 좋아하게 될 거야."

물론 여기까지는 K도 쉽게 예상했다. 하지만 중요한 건 그다음 대목이었다.

"또한 동료끼리 서로 더 빨리 알아가고 유대감을 높이기 위해선, 회사 차원에서 기획하는 야유회와 회식에 꼭 참석해야 해."

*

순간 K는 의문이 꼬리를 물었다.

'업무만 잘하면 되는 거 아닌가? 왜 꼭 함께 야유회를 가고, 밥을 먹어야 하지?'

O 대리는 그의 표정을 보며 그 이유를 다시금 설명해주었다.

"즐거운 공간에서 함께 얼굴을 맞대고 무엇을 먹는 일만큼 빨리 친해지는 길이 또 있겠어? 그래서 종종 회사(company)를 설명할 때 '함께(com)' + '빵(pan)'을 먹는 집단이라고 하는 거야."

오후 두 시 경, P 부장이 "오늘 회식 있으니 무조건 전원 참석하세요"라고 말한다. 하지만 다른 선약이 있는 젊은 사원들과 유치원에 아이를 데리러 가야 하는 여직원들은 나름의 이유를 대고 불참 의사를 밝힌다.

많은 직장인이 회식자리를 그저 '노는 자리'로 착각한다. 회식자리는 절대 노는 자리가 아니다. 회식은 그동안의 힘든 업무를 마치고 서로 회포를 푸는 자리다. 낮에 사무실에서 거둔 승리를 자축하거나 눈물겨운 실패를 곱씹어보는 신성한 자리이기까지 하다. 물론 이런 자리에서는 다양한 사내 정보가 오간다. 설혹 비밀 정보가 오가지 않더라도 일치단결하고 의기투합하는 자리다. 속마음을 드러내는 데 서툰 직원들은 사무실에서 할 수 없었던 이야기들을 술의 힘을 빌려 넌지시 건네기도 한다.

이렇게 보면 직장인에게 회식자리는 동료들과 소통하고 단합하는 유일한 기회라고 봐도 좋다. 그래서 많은 경영자와 리더가 바쁜 스케줄에도 불구하고 회식자리에 꼭 참석하려고 하는 것이다.

＊

조직이 한 방향으로 나아가기 위해서는 회식자리가 반드시 필요하다. 왜 회식을 '업무의 연장'이라고까지 말했겠는가? 바로 이 시간에 신선하고 유익한 정보가 오가고 힘든 업무를 하면서 쌓였던 스트레스를 해소하기 때문이리라. 그렇기에 동료들과의 원만한 관계는 물론 상사와의 관계까지 고려한다면 회식자리에는 반드시 참여하는 것이 좋다.

한편, 사람은 태어나면 누구나 죽는다. 관혼상제 중 상례(喪禮)는 죽고 난 이후에 벌어진다. 그래서 사람에게 장례식은 그 어떤 일보다도 중요한 의미를 갖으며, 현대를 살아가는 직장인에게도 매우 중요한 의식이다. 살다 보면 뜻하지 않게 가족이나 친구, 친지가 제 수명을 다하고 세상을 떠난다. 이때 상갓집에 방문하는 것을 '문상'이라 한다. 문상은 상주에게 위로의 인사를 드리는 '조문'과 고인에게 예를 갖추는 '조상'을 통틀어 칭하는 말이다. 결국 문상은 초상집에 가서 예를 갖추어 고인과 그 가족을 만나 애석한 마음을 전하는 일이다.

직장인에게 상갓집은 무척 중요한 장소이다. 좀 과하게 표현하면 이곳에서 자신의 운명을 바꿀 기회를 만날 수도 있다. 문상을 가자면 그곳에서 다양한 사람들과 인사를 나눌 수 있는데, 특히 임원과 상사는 그 어떤 사람들보다도 중요하다. 문상을 갔다가 그들에게 눈도장을 찍는다면 '예의'와 '관계'를 중요시하는 사람이라는 인상을 남길 수 있다. 그 결과 '사람에 대한 예의를 잘 아는 저 친구는

*

일도 잘할 거야'라는 생각을 갖게 한다. 그래서 인간관계를 중시하는 이들은 다른 곳은 몰라도 문상은 반드시 챙긴다.

물론 이런 것을 다 떠나서 직장 동료가 상을 당했다면 꼭 찾아가 보는 것이 인간적 예의다. 너나없이 바쁜 가운데 시간과 비용을 들여 찾아가 위로를 건넨다면 상대는 나에 대해 호감을 가지게 된다. 속으로 '저분이 나를 이만큼 소중하게 생각하고 있기에 바쁜 시간을 내어 문상을 왔구나' 하고 생각한다. 그래서 문상을 왔느냐, 그렇지 않느냐에 따라 관계가 굵은 동아줄처럼 더욱 돈독해지느냐, 가는 명주실처럼 약해지느냐가 결정된다.

동료의 사전적 의미는 '같은 직장이나 같은 부문에서 함께 일하는 사람'으로, 영어로는 'colleague', 'co-worker'이다. 모두 합심해서 같은 조직에서 일한다는 의미를 갖고 있다. 이런 동료가 가장 소중한 가족을 잃었는데 만사 제치고 찾아가 위로를 건네야 하는 건 당연한 일이다.

직장생활 중 업무뿐만 아니라 인간적 측면에서도 대인관계는 참 중요하다. 인간관계에서 서로 기쁨과 슬픔 등 감정을 공유하는 것만큼 빠르게 친해지는 방법도 없다. 동료나 선배 가운데 능력이 출중해서 혼자 힘으로 완벽하게 업무를 처리하거나 성과를 발휘하는 이도 있다. 그러나 언제까지나 혼자서 갈 순 없다. 일을 하다 보면 도저히 혼자 힘으로 해낼 수 없는 일들도 있기 때문이다.

길을 가다가 뜻하지 않게 돌부리에 걸려 넘어지거나 인생의 시련을 만났다고 가정해보자. 이때 누군가 곁에서 위로를 건네고 용기를 준다면 이보다 더 고마운 일도 없을 것이다. 평소 악감정을 갖고 있었더라도 이 순간 그 감정들은 눈 녹듯이 흘러내린다. 지금 몸담고 있는 직장에서 멀리, 높이 비상하기 위해선 동료들과 함께해야 한다.

나는 그동안 직장생활을 하면서 동료들과 함께 멀리 갈 수 있게 해주는 힘은 서로 간의 '친밀함'이라는 것을 깨달았다. 친밀함 속에서 동료에 대한 관심과 애정, 동료의식이 생겨나기 때문이다. 따라서 상사나 동료가 상을 당했다면 무슨 일이 있더라도 가자.

문상을 가야 하는 날이 주말이거나 모처럼 쉬는 휴일이라면 솔직히 가기 싫은 게 인지상정이다. 하지만 한솥밥을 먹는 동료의 경조사를 챙기는 것은 그의 마음을 얻을 수 있는 좋은 계기가 될 것이다. 때로 거기서 뜻하지 않게 유익한 사내 정보를 듣거나 내가 어려움에 처했을 때에 그에게 도움을 받을 수도 있다.

신현만은 저서 『회사가 붙잡는 사람들의 1% 비밀』에서 회식과 상갓집에서의 중요성에 대해 이렇게 강조했다.

아무리 먹고 마시며 시시덕거리는 자리처럼 보여도, 몸이 피곤하고 할 일이 쌓여 있어도 회식에 참석해야 한다. 그래야 동료와 함께 나눌 이야기가 생기고 동료의식과 멤버십이 돈독해진다. 그리고 조직의 궂은일을 도맡아하는 총무를 자처해야 한다. 동료의 결혼식이나 장례식이 있으면 귀찮게 여기지 말고 찾아가라. 찾아가서 진심으로 기쁨과 슬픔을 나누라.

*

나는 어떤 일이 있어도 동료들의 경조사에는 꼭 참석한다. 한 직장에서 일하는 동료로서 내가 보여줄 수 있는 최선의 예의이기 때문이다. 또한 지금의 나와 내 가족은 평안하지만 앞으로 어떤 일이 닥칠지 알 수 없다. 그래서 서로 상부상조하자는 의미도 담겨 있다.

회식 참가와 상갓집 문상은 잘나가는 직장인들의 중요한 생존 원칙이다. 회식자리마다 참석해 분위기를 돋우고, 동료들의 경조사를 자신의 일처럼 찾아다니는 사람치고 조직에서 하찮은 일을 하는 사람 못 봤다.

지인 중 자동차 보험세일즈맨 박 부장이 있다. 그는 자신이 속한 지점의 3년 연속 판매왕이다. 그는 고객관리 비법에 대해 이렇게 말했다.

"고객이 불편하지 않게 사고 처리를 잘해주는 것은 1등 세일즈맨이고, 연락받고 사고 현장으로 신속히 달려가는 것은 특등 세일즈맨이라고 하죠. 그러나 고객의 경조사에 함께하면 고객은 나를 세일즈맨으로만 생각하지 않고, 삶의 동반자로 생각해요. 이것이 나의 비결입니다."

이것이 바로 3년 연속 판매왕의 비결이었다. 역시 한 분야의 최고가 되기 위해선 시간과 노력을 부단히 기울여야 한다.

빨리 가려거든 혼자 가라. 멀리 가려거든 함께 가라. 빨리 가려거든 직선으로 가라. 멀리 가려거든 곡선으로 가라. 외나무가 되려거든 혼자 서라. 푸른 숲이 되려거든 함께 서라.

*

이는 인디언 속담이다. 아무리 귀찮고 바쁜 일이 있더라도 부서 회식과 동료 경조사에는 꼭 참석하자. 기회가 어디에서 당신을 기다리고 있을지 모른다. 그게 회식 혹은 경조사 같은 곳일지 또 누가 알겠는가. 무엇보다 사람인 이상 사람답게 살아야 하는 법이다. 자고로 사람 사는 세상은 함께 어울려 살아야 제맛 아니겠는가.

*

Part 2

당신만
모르고 있는
승진의 비밀

01
주어진 업무는
확실히 끝장낸다

언제부턴가 '샐러던트(Saladent)'라는 말이 직장인들의 입에 오르내리고 있다. 이는 '샐러리맨(Salaryman)'과 '스튜던트(Student)'를 조합한 신어로, '공부하는 직장인'을 의미한다. 말 그대로, 직장에 몸담고 있으면서 새로운 분야 혹은 자기 분야의 전문성을 더욱 높이기 위해 지속적으로 공부하는 사람들을 가리킨다.

사실, 이 신어에는 공부하는 직장인의 긍정적 의미 이면에 직장에서 밀려나지 않기 위해 애쓰는 샐러리맨들의 애환이 짙게 깔려 있다. 그만큼 직장인들이 살아남기 위해 처절한 몸부림을 치고 있다는 것을 여실히 보여주는 단어라고 하겠다.

나나 당신이나 초·중·고등학교뿐만 아니라 대학에서까지 질리도록 공부했다. 그런데 또 다시 직업 세계에서 살아남기 위해 죽

*

어라 공부해야 한다. 대부분의 직장인은 또 다시 공부해야 한다는 것에 불만을 갖고 있다. 하지만 불만은 정신 건강에 해롭다. 어차피 지금 공부는 주어진 업무를 끝까지 잘해내기 위해서 하는 것이다. 맡은 일을 확실히 끝장내고 성과를 도출해야 회사에서 인정받을 수 있다. 그래야 승진도 할 수 있다.

직장인 심리를 연구한 데이비드 루이스 박사는 말했다.

"일을 통제하는 능력을 길러야 해요. 현대 직장인은 점점 실적을 중시하는 업무 환경에 처해 있죠. 매일 반복되는 야근은 스트레스와 분노 그리고 우울증을 유발하는데, 이는 설상가상으로 심리적 불안, 부진한 업무, 실수를 야기해요."

루이스 박사는 꼬리에 꼬리를 무는 악순환을 끊기 위해 우선 '일', '상황', '자기 자신'을 통제하라고 주문한다. 특히 그는 일을 통제하는 능력, 즉 일을 끝까지 해내는 능력이 무엇보다 중요하다고 말한다.

나는 그동안 직장생활을 해오면서 정상에 오르기 위한 필수 자질 몇 가지를 간파할 수 있었다. 그중 하나는 자신의 업무에 정통하고, 스스로 업무를 리드해야 한다는 것이다. 예컨대 실무에서 "이번 프로젝트에서 실제 내가 기획 업무를 통해 우리 조직에 기여한 부가가치가 100만큼입니다"라고 명확히 표현할 수 있다면 훌륭하게 일하고 있는 셈이다. 그러나 "저도 열심히 한다고 했습니다만……" 하는 정도로 면피할 생각이라면 문제는 심각해진다. 자신이 일하고도 정작 얼마나 했는지 모르고 있기 때문이다.

*

상사가 '신규 프로젝트에서 누굴 주요 자리에 앉힐 것인지?', '둘 중 누굴 부장으로 승진시킬 것인지?'를 고민하고 있다면 잣대는 무엇일까? 다른 조건이 비슷하다면 당연히 '능력과 실적 기여도'다.

겉으로 드러나는 이렇다 할 실적도 없이 나 혼자 잘났다고 설친다면 동료들로부터 반감을 사게 된다. 명확한 근거 없는 헛된 주장을 누가 믿겠는가? 업무에 가시적 결과를 창출해야 비로소 내 능력을 객관적으로 펼쳐 보일 수 있다. 그래야 동료들도 나의 능력을 인정하고 나를 일 잘하는 인재로 각인한다.

우연히 모 경제 텔레비전 프로그램에서 국내 유수의 화장품 회사 여성 임원 N 상무의 인터뷰를 볼 기회가 있었다. 인터뷰어는 첫 질문으로 "화장품 회사에서 임원으로 진급하려면 남자가 유리한가요? 아니면 여자가 유리한가요?"라고 물었다. 어떻게 생각하면 '직장에서 여성의 위상' 또는 '직장 내 남자와 여자'의 문제로 꽤 난해한 질문이었다. 나도 대답이 궁금해서 하던 일을 멈추고 유심히 보았다. N 상무의 대답은 간단했다.

"회사는 나이스하게 일을 잘하는 사람을 원해요. 정작 중요한 것은 남자냐, 여자냐가 아니죠. 실무자가 깔끔하게 일해서 손댈 필요 없이 해놓은 사람이라면 남자든 여자든 상관없어요. 결론적으로 업무 파트너나 상사의 구미에 맞게 일을 해주면 칭찬과 인정을 한 몸에 받아요. 여자들은 힘들다고 생각할 때 '나이스한 일 처리'만 생각하세요. 임원 자리에 오르는 데 이게 전부라고 해도 과언이 아니죠."

회사가 원하는 인재는 결국 모든 것에 '올인'한 상태로 나이스하게 일 처리를 하는 사람이다. 또한 자신의 감정 때문에 회사의 일을 방해하지 않으면서, 냉철하게 조직의 언어로 동료들과 커뮤니케이션하는 사람이다.

그 사람은 남자도 여자도 아니다. 오로지 한 명의 뛰어난 조직원일 뿐이다. '성공하는 직장인'들의 공통된 특징이 무엇이라고 생각하는가? 나이스한 일 처리를 하는 사람은 누구라도 두 손 들고 환영하게 마련이다. 이렇게 업무를 끝까지 해내는 이는 다음 번 일을 할 때도 함께하고 싶은 사람이며, 바로 경쟁사에서 호시탐탐 노리는 능력자다. 조직생활에서 꼭 필요한 자질을 갖춘 사람, 조직이 진짜 원하는 사람, 조직에서 팀장이 되고 임원이 되는 사람은 분명 다른 동료들에 비해 업무 처리 능력이 뛰어나다.

직장인이 주어진 일을 끝까지 완수해야 하는 이유로 다음 세 가지를 들 수 있다.

첫째, 깔끔한 일 처리는 성공하는 직장인의 여러 원칙 중 '제1원칙'이기 때문이다.

동료들로부터 좋은 평을 얻고, 상사가 키워주는 인재가 되고 싶다면 자신이 맡은 일에서 성과를 발휘해야 한다. 보통은 성공 사례가 반복되면서, 일과 회사생활에 대한 자신감은 날로 더해진다. 입사 동기이거나 같은 연차인데도 고속 승진을 하면서 회사로부터 인정받는 직원이 한둘은 있게 마련이다. 이들의 공통점은 업무 능력이 뛰어나다는 점이며, 그 핵심 비결은 일의 깨끗한 마무리에 있다.

둘째, 회사가 가장 좋아하는 인재는 성실하고 능력 있는 사람이기 때문이다.

이런 인재는 백이면 백 자신이 맡은 일을 끝까지 해낸다. 취업 사이트에서 인사 담당자에게 어필하는 모범적인 자기소개서를 살펴보면, 한결같이 '한 번 시작한 일은 끝까지 한다', '나는 끈기 있는 사람이다', '패기 있고 불도저 같은 추진력을 갖췄다' 등의 내용이 공통적으로 들어 있다. 최종 면접까지 가는 비결인 셈이다. 성실한 인재는 실무진도 좋아하고, 경영진과 임원들도 회사 성장을 책임지는 입장에 있기에 이처럼 일을 끝까지 마무리하는 '성과 제조형 인재'를 좋아한다.

셋째, 능력 있는 인재는 동료와 상사에게 큰 도움을 줄 수 있기 때문이다.

같은 회사라도 개인별 능력은 천차만별이다. 같은 직급의 사람들도 연봉만으로는 측정할 수 없을 만큼 차이가 난다. 우선 내가 능력이 뛰어나면 뒤처지는 동료나 도움이 필요한 상사에게 구원의 손길을 베풀 수 있다. 동료들에게 호감을 사지 못하고선 절대 승승장구할 수 없다. 그러므로 자신이 맡은 일을 끝까지 하려는 시간과 노력을 아껴선 안 된다. 그게 곧 능력으로 축적되기 때문이다.

*

'맡은 일을 끝까지 해내는 능력'은 앞에서 언급했다시피 회사에서 생존하는 데 가장 중요한 제1원칙이다. 이는 회사생활을 제대로 해내기 위한 초석과 같다.

회사는 일하는 곳이다. 그러므로 사명감과 전문성을 동시에 갖추고 불굴의 노력으로 목표 달성을 해야 한다.

최종엽 대표는 기술인력 전문 서치 펌인 잡솔루션코리아를 운영하고 있다. 그는 저서 『10년차, 밥줄을 놓치면 꿈줄도 놓친다』에서 주어진 업무를 끝까지 확실히 해내는 개인 능력을 키우라고 충고한다.

무엇보다 자기 브랜드, 즉 언제 퇴직해도 연봉이 줄지 않을 수 있을 정도의 개인 능력을 갖춰야 한다. 밥줄이 있어야 꿈을 이루는 것도 가능하다. 먼저 자기 능력과 일에 대한 열정을 기준으로 주력할 업무와 범위를 정하고, 그 영역에서 전문화할 부분을 두 차례 세분화해 계획을 짜고 실행에 옮겨야 한다.

주위에 보면 사람 자체는 좋은데, 실력이 없는 이가 있다. 또한 자신에게 주어지는 일이 너무 많다고 불평하는 이도 있다. 이런 부류는 한마디로 일 처리 능력이 떨어지는 사람들이다. 요즘 같은 무한경쟁 시대에서 실력 없이는 위로 올라가기는커녕 해가 갈수록 현재의 자리를 유지하기도 힘들다. 무엇보다 실력 없이는 동료들은 물론 상사로부터 인정을 받지 못한다. 결과적으로 그들을 내 편으로 끌어들일 수 없다. 좋은 태도, 매너와 더불어 그에 걸맞은 깔끔한 일 처리 능력을 갖춰야 한다.

거듭 강조한다. 기왕에 맡은 일은 끝까지 해내야 한다. 그래서 무조건 성과를 만들어야 한다. 해가 거듭되고 성공 사례를 경험할수록 일을 끝마치는 능력은 더욱 빛을 발한다. 금상첨화로 옆에서 뒤에서 동료와 상사가 나를 밀어주게 된다. 이런 직원은 백이면 백 여지없이 회사가 탐내는 특급인재가 될 수밖에 없다.

*

02

상사와 친분이 있고
평판이 좋다

줄리아 로버츠가 주연한 영화 〈적과의 동침〉이 있다. 이 영화의 대략적 흐름은 이렇다. 아내 로라가 의처증과 결벽증을 가진 남편 마틴에게 속아 결혼한다. 참다못해 남편으로부터 도망치기 위해 수영을 배운다. 어느 날 마틴과 한밤중에 바다에 나간다. 배는 폭풍우를 만나고, 로라는 바다에 빠져죽은 것처럼 위장하지만, 이 사실을 귀신같이 알아차린 남편은 끝까지 그녀를 쫓아온다.

어느 조직에나 하나씩 있는 '스트레스를 주는 직장 상사'를 주제로 설문조사를 했다. 꼴 보기 싫은 직장 상사와 근무하고 있냐는 설문에 84.7퍼센트가 '그렇다'라고 답을 했다. 이 정도의 수치면 가히 〈적과의 동침 : 회사판〉이지 싶다.

우리는 왜 이렇게 많은 시간과 에너지를 들여가며 상사와의 관계에 대해 고민하는가? 그 이유는 단 하나다. 상사와의 친밀한 관계가 회사생활과 승진에 정말 중요하기 때문이다.

직장인에게 상사와의 올바른 관계 정립은 중력 같은 것이다. 지구 위의 어떤 물건도 중력으로부터 자유로울 수 없듯이, 대한민국 어느 직장인도 상사와의 올바른 관계에 대한 부담으로부터 자유로울 수 없다. 그만큼 상사와의 관계가 직장생활에서 큰 비중을 차지하고 중요하기 때문이다.

상사라는 중력에서 벗어나고 싶다면, 가장 쉬운 방법은 사직서를 내고 회사를 나가는 것이다. 하지만 중력 때문에 밥벌이를 버릴 사람은 거의 없다. 따라서 회사의 대기권 밖으로 멀리 날아가지 않는 한 중력은 계속된다. 회사를 떠나지 않는 한 이 고민은 계속된다는 말이다.

조직 세계에 몸담고 있는 이상 누구나 상사와의 관계에서 어려움을 겪는다. 그러나 상사와의 문제는 상사를 통해 고칠 수 없다. 그 누구도 둘의 관계를 매끄럽게 만드는 일을 도와줄 수 없다. 그 누구도 먼저 나서서 두 사람 간의 일에 개입하지 못한다.

상사의 행동을 수정할 수 없기 때문에 결국 나 자신이 적응하고 맞춰가야 한다. 학창 시절 만나던 친구조차도 내 마음대로 바꾸기 어려운데, 하물며 나보다 더 오랜 세월을 산 상사는 오죽할까.

우종민은 저서 『남자심리학』에서 직장 상사와의 관계를 이렇게 기술했다.

*

대한민국의 수많은 착한 직장인은 상사병으로 몸살을 앓고 있다. 어느 순간 가슴이 답답해져오는가 하면 생각만 해도 뒷목이 뻣뻣해진다. 이 병은 난치병이라 치료가 쉽지 않다는 데 문제의 심각성이 있다. 게다가 이 병은 전염도 잘된다. 욕하면서 배운다는 말이 있듯이 상사병의 피해자라면서 상사를 비난하던 부하 직원들 대부분이 승진을 하면서 상사의 모습을 그대로 닮아간다.

여기서 말하는 상사병이란 남녀 간의 '상사병(相思病)'이 아닌, 직장 내 상사와 부하 간의 '상사병(上司病)'이다.

발상의 전환이 필요하다. 상사를 두려워하기보다 먼저 다가가면 어떨까? 상사와 얼굴을 마주하는 기회를 자주 만들 필요가 있다. 그러기 위해선 먼저 상사를 어떻게 감동시킬지 연구하며, 그의 주변에 대한 세심한 관찰을 통해 친해질 계기를 찾아야 한다. 즉, 상사를 마치 내 애인처럼 잘 살펴야 하는 것이다.

분명, 상사는 어려운 존재다. 하지만 동시에 더없이 중요한 존재다. 상사는 나에게 직무를 할당해주고, 때론 일의 우선순위까지 정해주는 신 같은 존재다. 갓 들어온 신입사원에게 긍정적인 태도를 갖고 재미나게 일할 수 있도록 환경을 만들어주는 것 역시 상사다.

또한 상사는 팀 내 다른 동료와 잘 협업할 수 있도록 가교 역할을 해준다. 일에서 발생할 직원들 간의 크고 작은 갈등도 악화되기 전에 미리 해결해준다. 무엇보다 상사는 나에 대한 인사권과 승진심사권을 가지고 있다.

*

『상사가 귀신같아야 부하가 움직인다』를 저술한 소메야 가즈미는 『당당하고 귀신같은 부하가 살아남는다』를 통해 큰 그릇 같은 부하가 되라고 충고한다.

일터에서 큰 그릇의 부하를 만나는 것은 행운이다. 부하가 큰 그릇이면, 그 상사도 덩달아 큰 그릇이 된다. 큰 그릇의 사람들이 같이하면 생각의 울타리가 커지고, 감사와 신뢰의 울타리도 함께 커진다.

상사와 부하 직원은 상호 보완적인 관계다. 그래서 큰 그릇의 부하는 오히려 상사를 자주 찾아간다. 전쟁과 스포츠에 자주 등장하는 '공격이 최고의 방어'라는 말이 있듯이, 상사가 자신에게 무엇을 원하는지 분명히 확인하는 게 중요하다. 우선 적극적인 태도로 상사의 지시를 받아들이고 자주 보고해야 한다. 상사와 대면하는 바로 이 시간이 바로 내일의 승진을 결정짓는 운명의 순간이다.

이 조언이 쉽게 들리지만, 실제로 상사를 찾아가 적극적으로 신뢰 축적의 기회로 삼는 직원은 의외로 적다. 그렇기에 지시를 척척 수행하며 보고에 적극적인 직원과 대면하자면 상사는 한여름에 냉수를 얻은 것처럼 시원함마저 느낀다. 만나기 어려운 만큼 상사는 이런 부하를 귀하게 여긴다. 자연히 머릿속 승진 대상 리스트 위쪽에 두고 뭐 하나라도 더 챙겨주려 한다. 상사가 서포트해주니 당연히 조직에서 승승장구하게 된다.

*

일을 하다 보면 상사와 서운한 일도 생기게 마련이다. 그러나 절대 적대적 관계로 몰고 가면 안 된다. 사실, 윗사람과의 조화는 회사라는 강호에서 가장 익히기 어려운 난이도를 지닌 무공비법이라고 할 수 있다. 다른 모든 능력이 출중해도 이 한 가지 능력이 모자라면 승진에 고배를 마시거나 직장생활의 고난이 계속될 수밖에 없기 때문이다.

D 제약 회사 박 부장 밑에 김 과장과 이 과장이 있다. 박 부장은 김 과장을 무척이나 좋아한다. 이유는 간단하다. 김 과장은 지시를

내릴 때, 의견이 다를지라도 일단은 "예! 지시대로 하겠습니다"라고 대답한다. 자연히 박 부장은 정말 흐뭇하게 김 과장을 쳐다본다. 그러나 이 과장은 "아니 저번에도 실패했으면서, 왜 이런 지시를 또 내리십니까?" 하고 토부터 단다.

지시한 일을 마쳤을 때, 김 과장은 "부장님 덕분에 이렇게 좋은 결과를 얻었습니다! 역시 부장님은 최고입니다!"라고 말한다. 그 어느 상사가 김 과장을 미워하겠는가. 반면에 이 과장은 스스로 생각해 해결책을 내지 못하고, 매 단계마다 "어떻게 할까요?"라고 물으며 귀찮게 한다. 당신이 상사라면 누구와 함께 일하고 누구를 승진시키겠는가?

물론 덮어놓고 무조건 순종하며 아부하라는 말은 아니다. 상사와의 관계를 좋게 하는 데는 무엇보다 자세와 태도가 중요하다는 사실을 강조하는 것이다. 한번 입장을 바꿔 생각해보자. 상사도 우리와 똑같은 감정을 지닌 평범한 사람이다.

직업진로교육과 취업 지원의 권위자인 한국고용정보원 정인수 원장은 재취업을 원하는 구직자가 "입사 후 어떻게 상사의 마음을 얻죠?"라고 상담을 해오면, "상사의 종류별로 다르지만, 우선 상사를 존중하고 '케어'해야 합니다"라고 조언한다. 그렇다. 주위에 연애를 하는 남자들에게 물어보면, 상당수 남자들이 은근히 좋아하는 개념이 '케어'다. 총각들이 여자 친구를 정할 때도, 여자의 이러한 케어에 점수를 많이 주기도 한다. 또 그 세심함에 사랑을 느껴 불속이라도 마다하지 않고 들어갈 정도가 된다. 이 '케어'의 정신이 상대를 사로잡는 놀라운 최종병기인 셈이다.

케어하는 능력은 단지 남녀 간의 연애에만 해당되는 게 아니다. 당신이 모시는 상사도 마찬가지다. 한 번의 케어에 '어라? 제법이네!'라고 감탄한다면, 두 번의 케어에는 '정말 고맙군!' 하고 느낀다. 케어가 세 번, 네 번 지속될 때 '내게 마음을 많이 써주는군. 나도 보답해줘야지' 하는 생각을 하게 마련이다.

요즘 같은 블루오션 시대에는 사회적 자본을 많이 가진 사람일수록 승승장구할 가능성이 높다. 사회적 자본 중 네트워킹이 중요하며 그중에서도 특히 더 중요한 것은 상사와의 네트워킹이다.

'왜 능력 없는 김 대리가 승진하고 능력 있는 내가 승진에 누락됐지?'

이런 생각을 한 번이라도 한 적이 있다면 상사와의 친밀도를 점검해볼 필요가 있다.

회사에서 성공하기 위해선 능력만 가지고는 부족하다. 위로 올라가기 위해선 문을 통과해야 하는데, 그 문의 키는 핵심 상사(Key-Man)가 쥐고 있다. 아무리 일을 잘해도, 빨리 가기 위해선 노력과 시간의 일부를 핵심 상사에게 쏟아 부어야 한다. 때마다 선물과 간지러운 말로 아부하라는 것이 아니라, 상사와의 접점을 찾아 협력하는 관계로 발전하는 기술을 익히라는 말이다.

*

03
사내에
서포트해주는 사람이 있다

회사는 당신에게 승진할 기회를 제공하지만, 승진 티켓을 손에 쥐어주지는 않는다. 승진하기 위해선 먼저 자신의 '쓸모 있음'을 회사와 상사에게 보여줘야 한다. 가치를 지닌 조직 구성원으로 말이다. 사실, 모든 직장인은 그런 인재가 되기 위해 밤낮으로 헌신하고 충성한다.

나는 그동안 직장생활을 해오면서 나를 이끌어주고 서포트해주는 존재가 있느냐 없느냐에 따라 3년, 5년 후 미래가 달라진다는 것을 절실히 느낄 수 있었다. 많은 선배가 혼자서 묵묵히 일만 하다가 승진의 사다리를 오르지 못하고 미끄러지곤 했다. 어떤 선배는 업무 성과에 비해 고속 승진을 달리기도 했다. 그들을 보면서 사내에 서포트해주는 사람이 있다는 것은 천군만마를 갖고 있는 것과 다를

*

바 없다는 생각이 들었다.

우리나라 10개 우량 대기업의 차장 이상 중견 직장인 319명을 대상으로 한 '직장생활에서 느끼는 나의 최대 약점이 무엇인가?'라는 설문조사 결과, 소위 '백(또는 연줄)'이 최대 약점이라는 응답이 39.8퍼센트로 가장 높게 나타났다.

대부분 백이나 연줄 하면 좋지 않은 이미지를 떠올리는 것이 사실이다. 6.25 한국전쟁 이후 친일 세력의 부조리, 과거 군부 시절 정권을 등에 업고 부당 이득을 취한 전례가 있고, 그 후로도 정계 인맥과 힘을 이용한 불법이 횡행했기 때문이다.

물론 백 혹은 연줄이 순전히 개인적 친분관계에 의거하여 작용하면 조직 운영에 엄청난 해악을 초래하므로 시급히 척결되어야 한다. 학연, 혈연, 지연이 그대로 발전해나가 사내정치가 판을 치고, 잘못된 인사 관행이 반복되어서는 회사 발전은커녕 살아남을 수조차 없다. 이런 게 횡행하는 조직은 무한경쟁에서 곧 도태되고 만다.

고속 승진하는 사람들의 특징을 연구·분석해봤을 때, 다양한 요소 중에서도 '자신을 서포트해주는 인맥'을 최고로 꼽을 수 있다. 기본적으로 모든 조직은 사람이 일하는 곳이다. 승진이 경쟁에 의해 이루어지며 위로 올라갈수록 치열해진다. 승진의 판단 근거가 되는 능력이나 실력의 평가는 결국 사람이 한다는 대전제가 변하지 않는 한 백과 연줄은 사라질 수 없다.

승진은 대개 조직 내에서 리더십을 발휘해나가는 단계적 과정에 대한 증명이며, 성장하는 발판이다. 조직 내에서 객관적인 평가

*

를 받거나 대외적 관계를 넓히는 일은 업무 성과에 영향을 미치는 중요한 요소다. 그럼에도 불구하고 이를 모두 백이나 연줄을 얻으려고 하는 일로 치부한다면 문제가 있다. 나는 이런 착한 '백과 연줄 만들기'는 없어져야 할 게 아니라 조직 운영에 기여하고 승진 평가에 절대적으로 필요한 권장 요소가 아닐까 하는 생각마저 한다.

문형남 전 한국기술교육대학교 총장은 사내 네트워크와 서포터 집단에 대해 이렇게 말했다.

"구시대와 달리 투명성 내지 공정한 평가를 내세우는 열린 사회에서는 반드시 상사만 백이 될 수 있는 것이 아니다. 최근 인사 평가에서 형평성을 유지하고, 객관성을 높이기 위해 상사 평가에 더해서 다면 평가, 동료 평가를 추가하는 방안이 부각되고 있다."

기본적으로 상사는 스스로 인사 평가의 객관성을 지니고 있다. 자기 자신도 실적을 평가받게 되므로 개인적인 친분관계보다 오히려 능력 있고 조직에 기여할 사람을 선호하게 되어 있다. 따라서 결정의 순간에는 능력 있는 부하 직원에게 일을 맡기게 된다. 이때가 부하 직원의 입장에선 자신의 능력을 발휘할 절호의 찬스가 된다. 그런 과정에서 상사와 부하 직원의 인간적인 유대관계 또한 깊어진다. 대부분 이런 과정에서 상사의 인맥을 이어받게 될뿐더러 리더십도 학습된다. 이렇게 자연스레 백이 형성되는 것이다.

'근묵자흑(近墨者黑)'이라는 사자성어가 있다. 끼리끼리 놀고, 같이 놀면 물든다는 뜻이다. 상사에게 인정받는 부하 직원이 되고자 한다면 일 잘하고 능력 있는 동료들과 어울려야 한다. 그러다 보면

*

주변에 있는 사람들의 가치관, 성향, 심지어 말투까지도 부지불식 간에 닮아가게 된다. 그렇기에 어떤 사람 주변에서 일하느냐가 앞으로 어떤 인물이 될 것인가를 결정짓는다고 해도 과언이 아니다.

당신이 만약 구글의 공동 창업자이자 최고경영자(CEO)인 래리 페이지나 페이스북의 창업자 마크 주커버그와 일한다고 가정해보라. 아무리 치열하게 일해도 피곤한 기색조차 느끼지 못할 것이다. 왜냐하면 두 사람은 자신이 하는 일을 진정으로 사랑하기 때문에 열정을 바쳐 목숨 걸고 일하기 때문이다. 그들의 열정에 전염된 당신 역시 뜨겁게 일할 것이다. 이것이 바로 환경의 힘이다.

반대로 밥 대신 술로 살고, 한 달에 한 번 겨우 씻는 노숙자들 틈에 끼여 있다면 어떨까? 멀쩡한 사람도 곧 냄새가 나고 남루한 행색이 되고 만다.

19세기부터 오늘날에 이르기까지 엄마들은 끊임없이 무언가가 내 아이를 망치고 있다고 말한다. '우리 아이를 망치는 것은?'이라는 질문에 대한 '엄마의 대답'을 시대별로 종합했다.

- 19세기 산업 시대 : 라디오가 아이들을 망치고 있어요!
- 20세기 중반 : 텔레비전이 아이들을 망치고 있어요!
- 20세기 후반 : 전화기가 아이들을 망치고 있어요!
- 21세기 초반 : 인터넷이 아이들을 망치고 있어요!
- 현재 : 스마트폰이 아이들을 망치고 있어요!

*

흔히 새 학기가 되면 반이 바뀌고, 자연 새로운 친구를 사귀게 된다. 학교에 다녀오면 엄마는 함께 다니는 짝꿍에 대해 물어보곤 한다. 이때 이 질문은 꼭 곁들인다.

"걔는 반에서 몇 등 하니?"

"부모님 뭐하시니?"

아이의 입에서 무슨 대답이 나오면, "그래, 친하게 지내" 또는 "그 애랑은 놀지 마라!"라고 한다. 외면으로 그 친구가 좋은 아이인지, 그렇지 않은 아이인지 판단을 내리는 것이다.

직장인도 자신을 서포트해줄 유익한 사람을 만들어야 한다. 당신이 제철소에서 제련 기술자로 일하든, 증권가 펀드매니저로 일하든, 자동차 영업사원으로 일하든, 시골 면사무소에서 일하든 상관없이 철저하게 검증한 후 나의 조력자를 만들어야 한다. 내가 제대로 일하기 위해서는 주변에 포진하고 있는 이들이 제대로 된 사람들이어야 한다. 유효한 주위 환경과 상비군을 만드는 일은 업무 실적뿐 아니라, 승진전쟁에서 우위를 선점하는 가장 중요한 요소 중 하나이기 때문이다.

과장이 되고 부장이 될수록 긍정적 사내 네트워킹이 필요하고 회사 내에서 자신이 선한 영향력을 끼치는 범위가 넓어져야 한다. 주변 사람들과의 긴밀한 관계없이 성공하기란 하늘의 별따기다. 왜 그런가?

먼저, 자신의 업무를 제대로 처리하기 위해선 때로 동료들의 도움을 받아야 할 때가 있다. 아무리 개인 능력이 출중하더라도 독불

*

장군처럼 혼자 모든 것을 해낼 수는 없다. 회사생활을 하다 보면 평소 동료들과 관계가 원만치 않은 이들이 있는데, 십중팔구 급한 일이 있을 때 동료들이 지원군이 되어주지 않는다. 자신이 맡은 업무에서 성과를 발휘하지 못한다면 상사에게 나의 가치를 증명하지 못하는 꼴이 된다.

동료들에게 도움을 받기 위해선 나 자신이 권위를 지니거나 영향력이 있어야 한다. 그래야 흔쾌히 서포터를 이끌어낼 수 있다. 이것이 바로 조직에서 높은 자리로 갈수록 인간관계와 네트워크를 중시하는 이유다.

어려운 일이나 위기의 순간만을 대비해서 '친구'를 만들라는 말이 아니다. 직장 내 네트워크의 우선 목표는 취미를 함께하거나 속마음을 나누는 사이가 아니다. 내가 강조하고 싶은 면은 직장에서 우정을 쌓는 것이 아닌, 업무적으로 도와줄 지원군을 만들라는 말이다. 입사 후 지속적으로 자신을 서포트해줄 사람을 찾아야 한다. 그렇다고 만사 제쳐놓고 매일 사람들과 어울리며 애써 친한 척할 필요는 없다. 다만, 나의 제의에 흔쾌히 들어줄 정도의 호감을 사는 수준이면 족하다.

동국대학교 신문방송학과 김무곤 교수는 저서 『NQ로 살아라』를 통해 이렇게 말했다.

자신이 어려울 때 도와주는 친구는 보험과 마찬가지인데 그런 친구를 만들려면 보험료를 내야 한다.

*

그는 이어서 공존지수, 즉 NQ라는 용어를 사용한다.

돈이 아니라 평소에 정성을 쏟아야 한다는 뜻이며 꼬박꼬박 보험료를 내고 나면 진짜 힘들 때 생각지도 못했던 혜택을 보게 되는데 NQ가 바로 친구이자 보험이다.

회사에서 승진하고 성공하는 직장인들의 공통된 특징 중 절대 간과할 수 없는 것이 바로 다른 직원들과의 관계 유지 그리고 서포터를 발굴해내는 능력이다.

조직생활에서 꼭 필요한 자질을 갖춘 직원, 회사에서 진짜 원하는 사람, 기업에서 팀장이 되고 임원이 되는 사람은 분명 다른 동료들에 비해 서포터를 이끌어내는 네트워킹 능력이 뛰어나다. 사회는 빠르게 변화하고, 업무 처리 방식도 점차 변해간다. 그리고 회사에 변화가 다가올 때 주위 사람들과 힘을 합쳐 헤쳐 나아갈 수 있느냐가 승진할 만한 인재인가를 가늠하는 명백한 시금석이 된다. 이런 착한 백과 연줄이라면 직장인 누구라도 탐내지 않겠는가?

*

04

성격이 좋고,
사내 인간관계가 좋다

중고등학교 학창 시절, 둘도 없는 단짝과 싸우거나 서운한 말로 인해 기분이 언짢았던 경험이 있을 것이다. 그토록 친하던 친구와 하루 이틀 말을 안 하게 되면 갑갑하기 이를 데 없다. 그러다 며칠이 지나고 나면 누가 먼저랄 것도 없이 배시시 웃는다. 이렇게 화해하고 관계가 다시 좋아지면 어느새 몸과 마음은 날아갈 듯 가벼워진다.

우리는 직장생활을 하면서 많은 사람을 만난다. 상사, 동료, 부하 직원 등 직급에 따라 관계의 종류도 다양하다. 그래서 인간관계는 직장생활을 해나가는 데 꼭 필요한 '기본기'다. 직장 내에는 쉽게 친해질 수 있는 동료도, 그렇지 않은 부류도 있게 마련이다. 쉽게 친해질 수 없는 인물은 다음의 예와 같은 사람들일 것이다.

＊

- 내년 예산안을 올리기 전에 옆 팀에 상의하러 갔는데, 다짜고 짜 언성부터 높이는 기획팀 밉상 김 차장.
- 워크숍이나 회의 때마다 뭐가 그리 불만인지 입만 열면 불평인 인사팀 홍 과장.
- 항상 돌부처처럼 말이 없어 같이 있기만 해도 답답한 회계팀 오 부장.

직장에서 사람을 얻으려면, 인간관계를 잘 꾸려가야 한다. 이것이 바로 성격이 좋다는 평을 받는 비결이다. 로버트 브램슨은 저서 『말이 안 통하는 사람과 일하는 법』에서 사람이 싫어서 회사를 그만두는 일은 없어야 한다고 말한다.

당신이 만약 일이 싫어서가 아니라 사람이 싫어서 회사를 그만두고 싶은 사람이라면 결단을 내리기 전에 사무실의 적을 내편으로 만드는 법을 배워보자. 까다로운 상대가 누구든 직장에서 이들을 잘 다루는 능력자는 한두 명씩 존재한다는 사실을 발견했다. 이 사람들처럼 싸우지 않고 생산적으로 일해야 한다.

우리는 매일 누군가를 만난다. 어떤 사람은 단순히 필요에 의해서 인간관계를 맺는데, 그런 경우 그 만남은 1회적일 뿐이고 오래가지 못한다. 굳이 성공방정식을 거론하며 접근하지 않더라도 누구나 한 번쯤은 찰나의 만남이라도 소홀히 하여 평생 후회하고 가슴

*

에 담아두는 일들을 경험한다. 사람은 아무런 조건 없이 만나되, 만남을 소중히 여길 줄 알아야 한다. 내가 잘되는 지름길은 직장 내에 나와 관계된 모든 사람이 잘되고 성공하도록 만드는 것이다. 이런 태도를 바닥에 깔고, 가슴을 통해 마음과 마음이 열리고 서로의 진심이 통했을 때 그 만남은 소중한 것, 진실한 것이 된다.

경영에서 '인사(人事)'의 중요성은 굳이 말하지 않아도 알 것이다. 보통 인사부서는 회사의 가치와 기업문화가 녹아 있기에 회사의 중심부서 중 하나가 된다. 여간해서 그간의 전통과 정책을 잘 바꾸지 않으니, 어떻게 보면 핵심부서이면서도 보수적 성향을 띠고 있다.

그러나 한국 기업의 인사 평가정책이 변하고 있다. 예전에는 상사가 부하에게 점수를 매기는 '일방적 평가'였다면, 이제는 '다면 평가'나 '입체 평가'를 적절히 섞어서 승진 평가에 반영한다. 그리고 인사정책을 도입할 때 적용하는 키워드도 산업 시대 '종속적-고용관계'에서 이제는 '정확히 주고받는-계약관계'로 넘어가고 있다. 갈수록 고용시장이 유연화되고 자율화되고 있는 것이다.

우리 기업도 이제는 일본 기업의 전형적 특징이었던 연공서열, 종신고용 중심의 시대에서 퇴직하기 전 몇 번이라도 조건에 맞게 직장을 옮겨 다니는 직종 중심의 시대로 넘어가고 있다. 특히 우수 인재나 핵심인재로 꼽히는 인력은 언제든 경쟁사로 떠날 수 있는 관계지만 떠날 때에도 이전 직장 동료에게 '평판 조회'를 해서 채용 여부를 결정한다. 그러므로 직장 내에서 인간관계의 중요성이 점점

*

부각되는 추세다.

2012년 대한민국 명강사로 꼽힌 김의식 교수는 저서 『열정은 배신하지 않는다』에서 인간관계의 중요성에 관하여 이렇게 설명한다.

> 만약 자신이 구명조끼 없이 깊은 바다 한가운데에 빠졌거나 하고 있는 사업이 부도가 났다고 생각해보자. 이런 급박한 상황에서 누군가가 자신을 도와준다면 평생 잊지 못할 것이다. 주위를 한번 돌아보자. 지금 당장 나의 도움을 애타게 기다리는 사람이 있을 수 있다. 지금 돕지 않으면 그는 영원히 회복 불능의 상태가 될지도 모른다. 나 자신이 다른 사람이 어려울 때 기꺼이 도와줄 마음을 가진다면, 훗날 자신도 같은 상황일 때 분명히 자신이 도와줬던 그 사람이 나를 도와줄 것이다.

흔히 말하는 "성격이 좋은 사람이 되라"라는 말은 "소통을 잘하는 사람이 되라"라는 말로 바꾸어 생각해도 좋다. 성격이 좋고 인간관계가 넓은 '그들'은 대화하는 데 부담스럽지 않다. 그것이 그들이 인정받고 사람의 마음을 끄는 이유다.

혹시 당신 주위에 사람이 없다면, 당신의 부주의한 언행이 사람들에게 상처를 주거나 혹은 전체적인 상황을 그르치고 있지는 않은지 점검해봐야 한다. 당신 역시 다른 이들에게 영향을 끼칠 엄청난 파워를 가지고 있다. 그 잠재 능력을 이끌어내고, 스스로 주의 깊게 처신한다면 현재 처리하는 업무나 목표 달성까지 훨씬 적은 비용과

*

에너지를 들이고도 더 훌륭히 마칠 수 있다.

왜 모두가 그토록 '인간관계'와 '네트워크'를 외치는 것일까? 우선 직장 내에 좋은 인간관계를 유지하게 되면 일상에 활력이 생기고 업무를 성공적으로 이끌 수 있을 뿐만 아니라 동료들의 도움을 받아 업무에서 성과를 발휘하게 되므로 승승장구할 수 있다. 회사 일이 잘되니 자연히 가정에서도 웃음꽃이 핀다. 절대로 회사에서 자기가 잘났다는 자만심으로 우쭐하거나 남을 업신여겨서는 안 된다. 세상의 모든 일이 그렇듯, 혼자 힘으로 해낼 수 있는 일은 한정적이라는 사실을 기억해야 한다.

국가주도형 성장을 하던 예전에는 백이 없으면 아무것도 안 된다는 말이 타당했다. 너도나도 이득을 얻고자 정계, 재계, 군부에 연줄을 대기 위해 혈안이 되어 있었다. 하지만 사회가 발전하고 투명해지자 이제는 남의 힘을 이용하기 위해 마구 연줄을 대는 시대착오적 발상은 통하지 않는다. 그런 방식이 통하는 시대는 끝난 것이다.

국가건 기업이건 그 내부에서 긍정적이고 건전한 인간관계를 계속 만들어가야 한다. 앞으로는 다면적이고 개방적인 관계, 확장을 지향하는 관계가 더욱 중요해지기 때문이다. 예전에는 금광에서 금을 캤다면 이제는 인적 네트워크가 바로 '금맥'이 되는 시대다. 입사해 시간이 지날수록 인간관계가 좋아져야 한다. 그리고 그 관계를 잘 유지하는 법을 터득해야 한다. 그래야 높은 위치에 다다랐

*

을 때, 조직이 요구하는 수준의 일을 해낼 수 있다.

그렇다면 좋은 인간관계를 가지기 위해선 어떻게 해야 할까? 상대의 신분이 아무리 보잘것없어 보이더라도 그의 현재보다 미래 가능성을 봐줘야 한다. 사람은 누구나 단지 지금 '저평가된 우량주'이기 때문이다. 그래서 나름대로 첫인상을 좋게 주기 위해, 호감을 주기 위해 노력해야 한다.

'성격이 좋다'는 말은 '동료를 존중해주는 동시에 창의성을 이끌어내는 능력을 지녔다'는 말로도 이해할 수 있다.

세기의 명작 아이폰을 만들어낸 기업 애플의 비즈니스 방식을 예로 들어보자. 시대를 선도하는 애플의 사업 방식을 살펴보면, 소비자에게 균일한 고품질의 서비스를 제공하기 위한 핵심 영역은 자신들이 관리한다. 제품에서 꼭 사수해야 할 부분은 주도적으로 이끌어나간다. 그 대신 직접 진행하기 어려운 부분은 협력 회사에 맡기고 애플이 제시한 수익폭과 품질 가이드를 따르게 한다. 그 테두리 안에서는 구성원 누구라도 창조적이고 자유롭게 움직이도록 만들어준다.

이는 가히 외부와의 네트워킹을 보기 좋게 성공한 사례라고 할 수 있다. 애플의 사례를 직장 내 인간관계에도 적용해볼 수 있지 않을까? 동료들과 원만한 관계를 형성하면서 성격까지 좋은 사람이 이끄는 조직은 반드시 큰 성과를 내게 마련이다.

대한민국 기업에 우수인재를 공급하는 커리어캐어 신현만 회장

*

은 『회사가 붙잡는 사람들의 1% 비밀』에서 팀워크를 높이는 인간관계의 중요성을 이렇게 표현했다.

> 일 잘하고 싸가지 없는 부하 직원과 능력은 보통이되 인간성 좋은 부하 직원 중 누구의 미래가 더 밝을까? 상사들은 겉으로는 일 잘하는 사원을 칭찬할지 몰라도 속으로는 인간성 좋은 사원을 후원한다. 인간성 좋은 사원은 창조적 팀워크가 가능하기 때문이다. 한 사람이 일한 개인적 성과는 작지만, 함께 일해 올리는 조직적 성과는 그에 비해 몇십 배, 몇백 배로 부풀어 오른다.

승진과 더불어 회사에서 중요한 위치에 오르기 위해선 사내 인간관계를 원만히 해야 한다. 주위 사람들을 끌어들이는 마력은 인간미 넘치는 성격에서 나온다. 다 같이 일하는 조직을 원한다면, 서로 배려하고 챙겨줘야 한다. 그래서 기업이 보물처럼 아끼는 우수 인재는 사내 네트워크가 확실하다.

취업 준비 기간이 늘고 정년이 앞당겨지면서 직장생활의 가능 기간이 점점 짧아지고 있다. 인적 네트워크를 구성하는 것이 최고의 자기계발이라고 생각하라. 직장에 있는 동안 '인맥 금맥'을 캐는 최고의 광부가 되기 위해 노력해보자.

*

05

일찍 출근하고
늦게 퇴근한다

24시 편의점 '세븐일레븐(7-eleven)'은 1927년 미국 텍사스 주 댈러스에 있는 사우스랜드 아이스 회사에서 출발했다. 이 회사의 관리자 조 C. 톰슨은 판매대를 얼음으로 만들고 그 위에 우유, 계란, 빵을 놓고 팔기 시작했다. 신선도를 유지할 수 있는 이 '참신한 무기'로 공전의 히트를 쳤고, 점차 점포수를 늘려 이후 그 지역에 수많은 매장을 열었다.

이 매장들은 미국에 전례 없이 오전 7시부터 저녁 11시까지 영업을 했으며, 이런 특성을 반영해 '세븐일레븐'이라는 이름을 사용하기 시작했다. 하루 24시간 중 16시간 점포 문이 열려 있어 언제든 자유롭게 쇼핑할 수 있다는 점이 성공 키워드였다.

대한민국 기업들의 대부분 업무 시간은 '나인 투 식스'다. 여덟 시간 정규 근로 시간 동안 치열하게 일하면서 자신이 맡은 바 업무를 성실해 해낸다.

자원도 부족한 대한민국이 한국전쟁 후 폐허에서 단기간에 세계 10위권 경제대국으로 성장할 수 있었던 동력은 바로 근면과 성실성에 있었다. 그렇다면 대한민국 직장인들의 실제 근무 시간은 평균 얼마나 될까?

취업포털 잡코리아가 우리나라 직장인 1,082명을 대상으로 설문조사한 '직장인 하루 평균 근무 시간'은 '9시간 26분'으로 나타났다. 5년 전 '10시간 6분'보다 40분 줄었지만 여전히 법정 근로 시간(1일 8시간)을 훌쩍 넘겼다.

입사 10년차로 S 기업 소프트웨어 연구개발팀에 근무하는 김 과장은 이렇게 말한다.

"회사에서 정한 업무 시작 시간은 아홉 시이지만, 저는 보통 아침 여덟 시에 사무실 출근을 합니다. 보통 주 3일 이상 야근하는데, 저녁 여덟 시쯤 귀가하면 집에서는 일찍 퇴근한다고 좋아합니다. 회사가 주 5일제라고 하지만, 학교 다닐 때처럼 정해진 일만 하는 게 아닙니다. 여러 업무 변수가 많거든요. 자기계발을 하거나 가족과 휴식할 시간이 부족하지만, 기한 내 성과를 내기 위해 투입해야 할 절대적 시간이 있으니까요."

김 과장이 말한 이 '절대적 시간'이란 무엇일까? 앞에서 직장인이 생존할 수 있는 최고의 필살기는 '전문성'이라고 했다. 이는 누구에게도 지지 않는 영역을 만든다는 뜻이고, 이런 영역이 구축되기 위해선 자신의 힘을 '집중 연마'하는 단계가 필요하다. 집중하면 힘을 분산했을 때보다 훨씬 더 큰 힘을 발휘할 수 있기 때문이다. 이 집중 연마하는 단계에 적합한 시간은 대부분 고요한 아침 시간 혹은 사무실 사람들이 다 퇴근한 저녁 시간이다.

회사에서 인정받고 승진하기 위해선 자신이 가장 내세울 수 있는 분야를 찾는 게 급선무다. 이런 분야를 찾았다면 그다음, 완전한 전문가가 되기 위해 집중해야 한다. 3년에서 5년간 미쳐야 한다는 말이다. 완전히 몰입해 빠져들어야 한다.

집중에 대해 이야기할 때 자주 드는 예가 있다. 배를 만드는 조선소에서 강판을 자를 때 물을 사용한다는 것을 아는가? 평범한 물이지만 고압으로 분출시키는 기계로 철판을 향해 예리하게 레이저처럼 쏘아대면, 그 어떤 폭풍에도 견디는 선박용 후판(30센티미터가 넘는 두꺼운 철판)도 두부 자르듯 가를 수 있다. 집중의 힘은 이처럼 대단하다. 업무 역시 집중된 힘으로 해낸다면 더 나은 성과를 발휘할 수 있다. 그러기 위해선 먼저 업무에 집중할 수 있는 환경을 만들어야 한다. 나는 남들보다 일찍 출근하고, 늦게 퇴근하는 것이 가장 단순하고도 확실한 접근법이라고 생각한다.

회사에 일찍 출근하면 동료들은 물론 상사에게도 성실성을 인정받게 된다. 때로 성과가 부진했을 때 보호망 효과도 있다. 일찍 출근하고 늦게 퇴근하는 직원에게는 상사가 능력이 조금 모자란다고 해서 모질게 질책하지 않는다. 오히려 "김 대리 열심히 하는데 일이 잘 안 풀리는가 보네? 내가 좀 도와줄까?" 하며 격려와 조언

*

을 아끼지 않는다. 반대로 늦게 출근하면서 일도 못하면 당연히 상사의 눈 밖에 나게 된다. 자연히 퇴출 대상 1호가 된다.

『사장의 본심』의 저자 윤용인은 사장이 내뱉는 말에 숨은 본심이 무엇인지 알려준다.

말로는 "업무 시간에 집중해서 일하고 칼퇴근하게나"라고 하지만 실은 "칼퇴근하란다고 진짜 하는 너는 누구냐?"라며 뒤에 가서 마음 상하는 게 사장들이다. 본질적으로 사장은 직원들이 오래오래 회사에 남아 있는 것을 미덥다고 느끼는 사람들이다. 자신보다 직원들이 늦게 퇴근해야 본전 생각나지 않는다는 게 솔직한 마음이다.

이런 사장의 생각은 곧 회사 운영에 반영된다. 사장 의견이 곧 회사의 의견이다. 경영자와 상사의 입장에서는 출근 시간보다 일찍 오는 사람을 근면 성실하다고 생각하기 때문에 연봉 협상 시즌이나 승진심사 때 당연히 경쟁선상에 있는 직원보다 가점을 준다.

왜 그럴까? 성실성은 직원 개인이 기업에 대한 의욕을 보여주는 가장 쉬운 방법이기 때문이다. 그래서 우직하고 성실하게 노력하는 모습은 직원 개인의 앞날에도 많은 도움이 된다.

L 전자 회사 기획팀에 근무하는 곽 대리가 있다. 그의 회사는 얼마 전 긴축경영과 비상경영 선포를 했다. 월말까지 비상경영 계획서를 작성하라는 회장의 지시로 팀 업무가 바쁘게 돌아가고 있다.

*

그래서 팀장은 팀 긴급회의를 소집해 "앞으로 2주일간만, 30분 일찍 출근해 일일회의를 진행합시다"라고 제안했다. 이에 곽 대리는 '팀을 위해 내가 할 수 있는 일이 무엇일까?'를 생각했고, 당장 다음 날부터 한 시간 일찍 출근해서, 회의실을 정리정돈하고 자료를 준비하여, 시간에 맞춰 출근한 팀원들이 바로 회의를 시작할 수 있도록 했다.

2주가 지나 기획팀은 계획서 제출을 무사히 마쳤다. 회식자리에서 팀장은 팀원들 앞에서 이렇게 말했다.

"우리 팀 곽 대리 덕분에 팀 분위기가 한층 더 좋아졌습니다. 이런 여세를 몰아 회사가 무사히 위기를 넘길 수 있도록 최선을 다합시다. 우리 모두 곽 대리를 위해 박수 한번 쳐줍시다."

이런 곽 대리를 누가 좋아하지 않겠는가? 항상 호감을 갖고 대하며, 어려움에 처하면 나서서 서포터가 되어줄 것이다. 성실하고 인간성 좋은 이런 직원이 승진 최우선 대상 아니겠는가?

사람은 누구에게나 뛰어난 장점이 있다. 회사에 근무하는 사람이라면 동기나 동료와 비교해서 자신의 강점이 무엇인지 명확하게 해두면 좋다. 그것을 잘 살려서 자신만의 탁월한 영역 혹은 분야를 찾아내고 거기에서 뒤지지 않는 자신, 즉 '성공하는 자신'을 만들어낼 필요가 있다. 전문가가 되면 틀림없이 사내의 평가도 순식간에 바뀔 것이다.

그러기 위해선 절대 시간의 투자가 필요하다. 『왜 소득이 미래

를 결정하는가』의 저자 김영찬은 성실성과 절대적인 시간 투자에
대해 이렇게 말했다.

> 최고나 최첨단의 학문, 기술, 사업에는 단순한 일을 조금 더하는
> 것보다 발상의 전환이나 새로운 영감을 얻기 위한 휴식과 사유의
> 시간이 더 중요하다고 한다. 반면에 최고의 고소득자나 사회가 아
> 닌, 앞서 간 다른 사람이나 다른 사회를 배우고 모방하는 수준의
> 단계에서는 절대적인 시간 투자가 필요하다.

저소득 사회가 소득을 향상시키려면 선진국의 기술, 문화, 제품
을 모방하기 위해 시간 투자가 필요하다. 이처럼 직장인도 일류가
되기 위해서는 절대적으로 시간을 더 쏟아 부어야 한다.

일류기업의 실적과 성과는 어떻게 나오는가? 좋은 아이디어를
토대로 만들어낸 제품을 저돌적으로 생산하고 마케팅을 해야 매출
과 실적으로 이어진다. 이 모든 과정에는 절대적인 시간 투자가 필
요하다. 당신의 사장과 상사도 이 사실을 알고 있다. 그래서 일찍
출근하고 늦게 퇴근하는 태도, 눈앞에 보이는 이러한 성실성을 높
이 산다.

주인의식을 가진 자만이 스스로를 통제하면서 절대 시간을 투
자할 배짱이 있다. 누가 시켜서 할 때보다 자신이 원해서 연마한 기
술의 가치는 영원하다. 직장 내에선 어느 정도 위계질서가 필요하
지만 상생과 융합의 창조경제 시대인 요즘에 맞는 최적의 솔루션은

아니다. 권위만을 내세우던 리더들은 21세기를 맞아 점점 사라지고 있다.

그렇다면 회사는 어떤 대안을 가지고 나가야 할까? 우선 직원이 스스로 일하고 자발적으로 피나는 노력을 기울일 수 있는 판을 짜야 한다. 직원이 스스로 '이 회사는 내 회사다'라는 주인의식을 갖도록 해 직원의 창의력을 길러나가야 한다.

또한 직원들도 낡은 사고방식을 바꿔야 한다. 무조건 시키는 대로만 하던 시대는 갔다. 혹시 당신 안에 '적당히 일하고, 월급 타먹으면 장땡이다'라는 구시대적인 생각이 있다면 당장 버려야 한다. 이런 주인의식 없는 태도는 자기 인생에 대한 예의가 아니라고 볼 수 있다.

스티브 잡스는 그의 연설에서 "계속 갈망하라, 계속 무모하라 (Stay Hungry, Stay Foolish)"라고 했다. 열정이 없는 삶은 갈수록 불행한 미래를 창조할 뿐이다. 일찍 출근하고 늦게 퇴근하는 주인의식 있는 태도가 당신의 승진은 물론 눈부신 미래를 안겨줄 것이다.

*

06

궂은일을
도맡아 한다

나는 가끔 명절에 사촌들과 바둑을 둔다. 프로들의 대국에서는 엄격히 금지되어 있지만 아마추어들의 친선경기에서는 역시 훈수가 있어야 재미가 배가된다. 이미 이겼다고 생각한 사촌은 "바둑 두는 사람 어디 갔나?"라고 큰소리치며 이제 항복하라고 나를 보챈다. 이때 구경꾼으로 계시던 고모부께서는 "여차저차 두면 되겠구먼?"이라고 훈수한다. 판세는 돌연 역전돼 이번에는 내가 휘파람을 불고 사촌의 얼굴이 붉으락푸르락하다. 사이드에서 훈수를 두면 잘 보인다. 그래서 뺨을 맞아가면서도 하는 게 훈수라고 한다.

그러나 회사에서는 다르다. 바둑판, 장기판에서의 훈수를 여간해서는 좋아하지 않는다. 바둑, 장기에서 훈수가 매력적인 까닭은 그것을 통해 자신의 판을 읽는 '뛰어남' 혹은 '명석한 신의 한 수'를 증명해줄 수 있기 때문이다. 그러나 실제 회사에서 다들 분주히 이리저리 뛰어다니는 가운데 이러쿵저러쿵 입으로만 일하는 사람을 누가 좋아하겠는가?

주위 사람을 한번 떠올려보라. 자신은 노력하지 않고, 다른 사람이 해놓은 일을 평가만 할 뿐인 '평론가' 같은 사람이 꼭 하나씩 있다. 훈수를 두면 보이던 수도, 정작 바둑판 앞에 자신이 직접 앉으면 어떻게 해야 할지 깜깜한 경우가 많다.

류랑도 교수는 저서 『성과로 말하는 핵심인재 하이퍼포머』에서 실천의 중요성을 강조했다.

기업은 동호회가 아닌 성과를 가지고 유지하고 성장하는 조직입니다. 이러한 성과는 사람에 의해 만들어지고 각각은 스스로 고성과자가 되기 위한 핵심역량을 확보하기 위한 조직적, 개인적 노력이 필요한 것입니다. 학생들이 공부하는 방법을 알고 있지만, 모두가 1등을 하지 않는 것처럼, 하이퍼포머가 된다는 것은 결국 실천의 결과라고 할 수 있습니다.

회사 내 궂은일을 도맡아 하는 직원은 사장과 상사가 먼저 보고 승진시킨다. 먼저 승진시키는 이유로 다음의 세 가지를 들 수 있다.

첫째, 열정이다.

눈에 보이지는 않지만 사람에게는 혼이 분명히 있다. 회사에도 회사의 혼이 있다. 회사의 혼은 거기서 일하는 직원들이다. 그래서 회사는 인체의 심장처럼 쉬지 않고 뛰면서 혈액을 공급해줄 성실한 인력이 필요하다. 꾸준히 경주에 집중하는 거북이 같은 지치지 않는 열정적인 인재가 필요하다.

남이 하지 않는 일은 힘이 든다. 궂은일은 더 어렵다. 그래도 계속 도전하는 이유는 자신이 좋아서 하는 일이기 때문이다. 열정이 있기 때문이다. 결코 돈을 많이 주는 것이 동기가 되어서 하는 일이 아니다.

평균을 넘는 괄목할 만한 성장, 뛰어난 실적을 원하는가? 여기에는 '돈으로 보상하는 수준'을 뛰어넘는 꿈이 필요하다. 열정을 일으키는 보상이 필요하다. 간혹 '보상'이 조직원들에게 지시를 잘 따른 대가로 인식되거나 나눠 먹기 식으로 이루어지는 경우가 있다. 이런 보상 방법은 오히려 직원들의 자율성을 없애고 조직이 창의적으로 성장하지 못하도록 한다.

그보다는 새로운 도전에 나서고 차별적인 성과 창출에 대해 금전적·비금전적 측면에서 공정한 보상이 이루어져야 직원들이 열의와 열정을 갖고 일할 수 있다. 또한 주도적으로 일하며 탁월한 성과를 낸 직원에게는 배경을 불문하고 성장 기회를 제공하고 성과를 인정해주는 시스템 구축도 놓쳐서는 안 될 중요한 포인트다. 그래서 고졸 출신으로 글로벌 운송 기업 페덱스(FedEx)의 COO 자리까지 오른 마이클 더커는 인터뷰에서 이렇게 말했다.

"우리 회사에 유리 천장은 없다. 어떤 배경을 갖고 있든 열심히 하면 전폭적으로 지원한다. 이는 구성원들이 열정을 가지고 스스로 일하도록 만드는 핵심 요소다."

둘째, 성실이다.

사장은 직원을 승진시킬 때 성실성과 근면한지를 제일 먼저 본다. 출퇴근 시간을 보면, 기본적으로 조직에 대한 충성도를 판단해볼 수 있기 때문이다. 어찌 매일 대박과 커다란 한 방만을 노릴 수 있는가? 직원들 중에는 군계일학의 스타플레이어가 가끔 있지만, 전부 다 스타플레이어가 되길 바랄 수는 없다. 서서히 성실하게 실적을 쌓아가는 경우가 대부분이다.

일본의 미라이 공업은 경상이익 면에서 일본 제조업계 평균의 다섯 배에 달하는 우수기업이다. 이런 기업의 인사 평가 방법은 가

히 충격적이다. 일명 '선풍기 승진'을 실시한다. 승진 후보자의 이름을 종이에 적어 선풍기 앞에 날리고 그중 가장 늦게 떨어지는 사람을 승진시키는 방법을 쓴다.

회장은 "우리 회사에서 연공서열제도가 아직 적용되고 있는 이유는 오랜 기간 우리 회사에서 충실히 일했다면 대부분 그 역량이 비슷하기 때문이다. 선풍기 승진도 같은 맥락이다"라고 말하며 직원들의 성실함을 회사의 성장동력으로 인정했다.

야구 경기에서 자신이 응원하는 팀이 홈런으로 점수를 낼 때는 정말 통쾌하지만, 도루와 안타로 차곡차곡 점수를 쌓으며 승리로 이끌수록 관전하는 재미가 있다. 혹자는 메이저리그 타자 배리 본즈나 한국의 이종범 선수처럼 홈런도 잘 치고 안타, 도루까지 두루두루 능한 선수가 있다고 말한다. 그러나 이런 선수는 드물다. 그래서 리그가 끝나면 그 귀한 MVP상을 주는 것 아닌가.

이처럼 회사생활도 강도보다 빈도가 중요하다. 업무를 하면 성과를 내지만 어마어마한 '카운터펀치', 즉 대박은 생각처럼 많지 않다. 상사가 감동할 수 있도록 습관적으로 '감동의 잽'을 자주 날려야 한다. 회사의 궂은일을 도맡아 하는 일이 바로 감동의 잽에 해당한다.

셋째, 솔선수범이다.

부서의 궂은일을 도맡아 할 정도면, 내가 속한 조직을 먼저 생각하고 또 사랑하는 사람임을 알 수 있다. 그리고 자연히 내가 낮은

*

곳에서 솔선수범하다 보면 하는 일에 더 애착을 갖게 된다. 자연히 주위 동료를 아끼며 상사를 잘 모시게 된다. 이러한 선순환이 쭉 계속된다.

조직이 확보해야 할 인재로 확실히 자리매김하는 법을 알고 싶은가? 궂은일을 찾아다니면 된다. 아무도 하지 않는 일을 하라. 보통 처음에는 이름도 빛도 없이 묵묵히 해나가야 한다. 그러나 낮은 곳, 궂은일, 남이 하지 않는 일을 누가 하는지 사장과 팀장은 보고 있다. 아니, 직감적으로 알고 있다.

대형 헤드헌팅 회사 커리어캐어의 신현만 회장은 저서 『회사가 붙잡는 사람들의 1% 비밀』에서 회사 내 궂은일을 맡도록 당부하고 있다.

조직의 총무를 자처해야 한다. 궂은일을 떠맡고 남들이 하기 싫어하는 잔심부름을 조용히 해보라. 아무도 알아주지 않을 것 같지만 사람들은 다 알고 있다. 기꺼이 조직의 총무가 되라. 조직은 그런 사람을 필요로 한다. 누가 보아도 충성도가 높은 직원이기에 끝까지 살아남고 평가도 잘 받는다.

나는 상담을 하면서 전체 팀의 성과와 효율성을 높이기 위해 어떻게 해야 하느냐는 질문을 자주 받는다. 성과를 올리기 위해선 조직이 유기적으로 움직여야 한다. 내가 먼저 나서야 한다. 리더와 구성원 사이의 합일 콘센서스, 일치감의 동의를 얻어내고 서로 교감

*

해야 한다. 자기 몫을 포기해야 한다. 내가 앞장서고, 부하들은 따라오게 만들어야 한다.

이미 팀장이거나 가까운 미래에 팀장이 될 사람들에게 꼭 하는 조언이 하나 있다.

"미리미리 조직원을 이끄는 방법을 터득해야 해요. 내가 원하는 길로 함께 가기 위한, 제일의 방법은 솔선수범일 겁니다. 리더십은 양보와 희생에서 나와요. 먼저 낮은 자리로 가세요."

회사 내 궂은일을 도맡아 하는 직원은 '열정', '성실', '솔선수범' 세 가지를 반드시 갖추고 있기에 입사 동기보다 인정받고 승진도 먼저 한다. 그래서 나는 해마다 들어오는 후배 신입 사원들을 상담하면서 회사의 궂은일을 도맡아 하라고 조언한다. 그러다가 문득 경남 거창고등학교 10계명이 떠올랐다. 가슴에 와닿는 부분이 있어서 일부 발췌해본다.

- 내가 원하는 곳이 아니라 나를 필요로 하는 곳을 택하라.
- 앞을 다투어 모여드는 곳은 절대 가지 말라. 아무도 가지 않는 곳으로 가라.
- 한가운데가 아니라 가장자리로 가라.
- 왕관이 아니라 단두대가 있는 곳으로 가라.

단두대라니! 다소 섬뜩하고 받아들이기 힘든 성격의 길 같지만

✳

주위에서 인정받는 인재를 보면 대개 궂은일을 도맡아 한다. 모임에 가면 간사를 하고 총무를 맡는다. 당신도 알다시피 총무는 명석한 두뇌로만 하는 자리가 아니다. 때로는 땀 흘리며 발로 뛰고 몸으로 막아야 한다. 그래서 다들 잘 안 맡으려 한다. 하지만 어떤 모임이든 총무가 없으면 서로 연락도 없을뿐더러 모이지 않는다.

그러나 이런 사람들은 어느 모임에 가든 궂은일을 해낸다. 단연 그 조직에 없어서는 안 될 숨은 진주 같은 존재다. 그런 사람이 있기에 조직이 유지되고 발전할 수 있다. 좋은 자리가 있으면 이런 직원을 먼저 앉히고 싶은 게 상사의 인지상정이다.

궂은일은 자기 스스로 찾아서 할 때 더욱 빛이 난다. 그래서 자기 스스로 동기를 찾아내는 능력을 지닌 사람이 좋은 인재다. 승진을 때맞춰 잘하는 사람들의 공통점을 살펴보면 대부분 스스로 일하는 동기를 만들고, 자발적으로 일한다는 특징이 있다. 남이 지시하는 대로 일해선 창의성이 없다. 문제를 대면하고, 생각하고, 벽에 부딪치고, 끝내 해결책을 찾아내야 한다.

인류 역사를 보면 새로운 무기가 개발되고 의학이 획기적으로 발전한 시기가 있었다. 바로 전쟁을 겪던 시기로, 20세기 제1, 2차 세계대전 때다. 승리를 쟁취하고 살아남기 위해선 하나의 선택밖에는 없었다. 마찬가지로 군인이 전투력을 증강시키는 최적의 방법은 총탄과 포탄이 날아다니는 실제 전장에 나가 싸우는 것이다.

가끔 내게 "요즘 너무 무기력해요. 제게 동기부여를 해주세요"라고 연락해오는 사람들이 있는데, 진정한 동기부여는 스스로 하는

*

것이다. 자기 스스로 최전선에 나서야 하는 것이다. 본인 내부에서 목표를 향해 일하고자 하는 간절한 에너지와 욕망이 솟구쳐 올라야 한다. 그래야 쉬지 않는 열정으로 승진에 가닿는 견고한 다리를 놓을 수 있다. 말이 물가에 가도 물을 먹지 않는다. 주인은 어떻게 하는가? 말이 먹는 여물통에 소금을 탄다. 짐승인 말도 스스로 목이 말라야 마신다. 남이 해주는 동기부여에는 분명 한계가 있다.

아무도 하지 않는 궂은일을 하는 직원이 되자. 그러기 위해선 스스로 '나는 이 회사의 주인이다'라는 마인드를 가져야 한다. '아무도 하지 않는다면, 그 일이 바로 내가 할 일이다'라는 생각을 가진다면 궂은일도 솔선해서 맡게 될 것이다.

더 나아가 앞으로 "궂은일은 제게 맡겨주세요" 하고 말할 수 있는 통 큰 직원이 되자. 아니 그런 일이 무엇인지 연구하고, 먼저 발견하고, 찾아서 하는 '성공 습관'을 체득하자. 시간이 지나면서 성장해 동료들과 실력 차이는 천지 차이로 벌어질 것이다. 무엇보다 당신에 대한 사내의 평가도 '아! 저 사람 진짜 귀한 인재구나'로 바뀔 것이다.

*

07
먼저
상사를 얻는다

텔레비전 드라마에서는 스트레스를 받는 직장인의 모습을 대략 이렇게 묘사한다. 한낮 사무실, 성과 못 올린다고 호통치는 상사의 책상 앞에서 두 손을 다소곳이 모으고 고개 숙인 채 묵묵히 듣는다. 그러다가 날씨가 어둑해져 퇴근 후 동료와 쓴 술잔을 기울인다. 이번에는 사무실과 달리 열정적으로 상사를 험담하느라 침을 튀긴다. 그리고 화면이 바뀌어 술이 거나하게 취해 암세포 같은 술주정과 함께 현관에 들어선다. 마침내 술 냄새 나는 넋두리로 기어이 아내의 진을 빼놓고 잠에 곯아떨어진다.

나는 직장 내 인간관계를 주제로 직장인들을 상담할 때, 먼저 "직장 상사와 어떻게 지내세요?"라고 묻는다. 상대가 말하기를 꺼려한다면 다시 한 번 묻는다.

*

"직장 상사와의 문제는 어떻게 해결하세요?"

그러면 그다음은 묻지 않아도 자동으로 자신의 직장생활의 애로 사항과 그동안 겪은 어려움을 쏟아낸다. 물론 자신이 힘들었던 이야기를 토로하고 나면 희한하게도 스스로 문제에 대한 답을 찾게 된다.

나는 회사에서 비상하고 싶다면 절대 직속 상사와 대립각을 세워선 안 된다고 조언한다. 상사와 싸워서 이긴 부하 직원을 보지 못했기 때문이다. 만일 회사에서 상사와 부하 직원 중 한 사람을 내보내야 한다면 누굴 내보낼까? 그렇다. 아무리 부하 직원이 옳고 똑똑하더라도 조직은 관례상 부하 직원을 내보낸다. 어떻게 보면 언제나 부하 직원은 을인 셈이다.

회사생활을 즐겁게 하면서 승승장구하고 싶다면 상사에게 적극적으로 다가가 마음을 얻어야 한다. 물론 과도한 아부로 상사를 현혹하거나 주위의 눈살을 찌푸리게 해선 안 된다. 이는 득보다 실이 더 크다. 또한 너무 목이 곧은 직원은 상사가 이끌어주려 하지 않는다.

상사가 능력이 부족한 사람일 경우도 있다. 그렇더라도 진심으로 도와야 한다. 지인 중 능력이 모자라는 상사를 돌아다니면서 험담했던 사람이 있다. 시간이 지나면서 소문은 왜곡, 과장되었고 상사는 치명타를 입게 되었다. 물론 상사는 소문의 근원지가 지인이라는 것을 알게 되었다. 그때부터 지인의 회사생활은 지옥생활이나 마찬가지였다. 얼마 후 지인은 스스로 퇴사할 수밖에 없었다.

＊

상사의 무능력함을 떠들어대면 이보다 더 최악의 상황은 없다. 자신의 직속 상사의 명예를 더럽힌 부하 직원은 책상을 뺄 준비를 해야 한다.

그렇다면 상사와 대립하는 사태를 피하려면 어떻게 해야 할까? 먼저 상사를 이해하고 평소 상사와 원활한 커뮤니케이션을 해야 한다. 그러나 이것이 보통 직장인에게 가장 어려운 부분 중 하나다. 하지만 다음 세 가지를 기억하면 원활한 커뮤니케이션이 가능하다.

첫째, '상사와의 싸움에서는 절대 이길 수 없다'는 사실을 깨닫는 것이다.

상사는 인사권자인 데다가 작은 회사인 경우 사장인데, 직원이 오너를 이길 수는 없다. 어떻게 보면 세상에서 내가 바꿀 수 있는 유일한 사람은 자기 자신뿐이다. 상사를 탓할 시간에 오히려 나를 바꾸고, 대인관계에 도움이 되는 기술을 습득하자. 기술이 없다면 책을 읽거나 인터넷을 검색해 관련 세미나에 참석하는 등 정보를 찾기 위해 노력하자. 그저 미우나 고우나 상사의 마음을 얻어야 한다. 상사는 승진과 팀 분위기를 좌지우지하는 힘을 지니고 있다. 퇴직하거나 이직하기 전까지 마치 운명처럼 함께한다.

둘째, '상사가 마음에 들 확률은 제로에 가깝다'는 사실을 깨닫는 것이다.

"나는 우리 팀장님을 보자마자 사랑에 빠졌어"라고 말하는 직장

*

인을 만난 적 있는가? 회사생활이 그렇게 낭만적이라면 뭐가 어렵겠는가? 연애 때, 마음에 들어서 결혼한 아내도 마음에 안 드는 경우가 있는데, 하물며 인연 없이 만난 직장 상사가 어떻게 내 마음에 쏙 들겠는가?

나는 마음에 맞는 상사를 찾는 시작부터가 잘못되었다고 본다. 세상에 완벽한 상사는 없다. 그러니 오히려 초월하는 게 좋을 것이다. 회사에서 겪는 수많은 갈등은 낭만적인 생각에서 많이 비롯된다. 실망한 것이다. 연애도 처음에 기대가 크면 나중에 실망도 크듯이 상사와의 관계 역시 그렇다.

셋째, '부하 직원은 항상 상사를 침착하고 차분하게 대해야 한다'는 사실을 깨닫는 것이다.

우리는 언제든 뜻하지 않게 영화 〈악마는 프라다를 입는다〉에 나오는 〈보그〉 편집장 같은 악마 상사를 만날 수 있다. 그냥 넘길 수 있는 사소한 일에도 동료들 앞에서 야단치거나 심한 말로 모멸감을 줄 수도 있다. 그럼에도 불구하고 절대 상사를 침착하게 너그러운 마음으로 대해야 한다. 누차 말하지만 절대 상사와 대립각을 세워선 안 된다. 최대한 부드러운 태도로 대해야 한다. 여유로운 시선으로 끝까지 친절과 배려를 담은 말투를 잊어선 안 된다.

금융 회사 회계팀에서 일하는 윤 과장이 있다. 오늘은 말일인 데다가 회사 연말 실적 마감이 겹쳐 모두가 예민하다. 윤 과장은 보고서 도표를 잘못 기재한 바람에 박 팀장에게 모진 질책을 당했다. 하

*

지만 윤 과장은 침착하게 응대한다.

"네, 팀장님. 같은 실수를 반복하지 않겠습니다."

그러고는 다시 업무에 임한다. 그러니 윤 과장은 박 팀장과 부딪힐 일이 많지 않다.

CMI연구소 전미옥 대표는 『사표 던지기 직전 꼭 읽어야 할 상사 후배 동료 내 편으로 만드는 51가지』에서 이렇게 이야기한다.

상사와의 관계가 좋은 직원은 일과 사람을 분리한다는 강점이 있어요. 업무적인 실수로 꾸중을 들으면 처음에는 기분이 나빠도, 곧 그 문제를 해결하려는 데 힘을 쓰지, 상사에게 감정적이 되면서 에너지를 소모하지는 않죠. 상사라는 사람에 대한 감정 문제로 받아들이지 않고, 그저 일 자체의 문제로 받아들입니다.

윤 과장처럼 사실을 인정하고 상사에게 부드럽게 이야기하는 것이 좋다. 인간적으로 모욕을 주거나 부당한 대우로 힘들 때는 '인간 세상만사 그런 거니까, 내가 저 사람 밑에서 성공할 수 있으면 세상 어디를 가서도 성공할 수 있다'고 생각하면 된다. 아니면 '지금은 내 미래를 위한 트레이닝 기간이다. 힘들더라도 참아야 한다'라고 긍정적으로 생각하자.

직장을 자주 옮기고 근속연수가 짧은 직장인일수록, 과연 상사는 어떤 직원을 선호하는지 궁금해한다. 취업포털 사이트에서 조사

*

한 결과를 보면, 상사는 '똑소리 나게 일 잘하는 직원', '빈틈없이 맡은 일 잘 처리하는 직원'에게 후한 점수를 주었다. 그렇다. 뭐니 뭐니 해도 상사와 회사가 원하는 대로 일을 잘하는 부하 직원이다. 결론적으로 상사 입장에서 요약하면 '나에게 쓸모 있는 친절한 직원'이다.

상사는 늘 외롭다. 그래서 자신이 지나가면서 했던 사소한 말을 중요시하고, 알아서 준비해오는 세심한 부하를 만나면 그 태도에 반한다. '콩 심은 데 콩 나고 팥 심은 데 팥 난다'는 속담이 있다. 이는 만고불변의 이치다. 이미 상사는 그 전보다 부하에 대한 믿음의 수준을 한층 높인다. 이러한 업무상의 올바른 흐름을 반복하면 상사와의 관계 정립에 매우 긍정적으로 작용한다.

*

A마트 상품 개발팀에 근무하는 신 과장은 팀장인 양 부장과 점심 식사를 하게 되었다. 식사를 마친 뒤 양 부장은 지나가는 듯한 혼잣말로 "우리 경쟁사 B 마트는 추석 상품으로 뭘 진열해놓았지?" 하고 물었다. 신 과장은 상사의 말을 흘려듣지 않았다. 그날 바로 자료를 준비해 아침 출근 전에 상사가 흡족해할 만한 문서 자료를 책상에 가져다두었다.

　　신 과장의 이런 행동은 양 부장으로 하여금 '아, 이건 신 과장이 퇴근 후 집에 가서, 혹은 새벽에 일찍 출근해서 나를 위해 일을 마무리 지었구나'라고 생각하게 만든다. 상사가 신 과장을 '참 센스 있는 친구로군!'이라는 생각을 하게 한다. 따라서 상사가 앞으로 다른 부하 직원들보다 신 과장을 챙기는 것은 당연한 이치다.

　　회사에서 날개를 단 듯이 날아가며 승승장구하는 직원은 상사가 무심코 흘리는 말까지도 반드시 실천해 사랑을 받는다. 이런 센스를 발휘하기 위해선 상사의 말을 빠짐없이 메모해둬야 한다. 티타임이든 회의든 상사와 만남이 끝나면, 그 즉시 회의나 대화에서 상사가 말한 내용을 복기(復碁)하듯 떠올리며, 지금 상사가 처한 상황을 분석하고 알맞은 해결책을 낸다.

　　그때그때 메모를 보며 상황에 몰입하고, 상사의 입장을 분석하여 끝내 솔루션을 찾아낸다. 이렇게 상사의 관심사와 고민거리를 파악하는 동안 상사에 대해 자연스레 관심을 갖게 된다. 이런 경지는 항상 상사에 대해 생각하고 연구해야만 비로소 가능한 일이다. 이처럼 상사의 마음을 얻는 능력과 습관을 지니려면 자신이 맡은

*

업무에 대한 자신감과 상사와 소통하고자 하는 진취적인 사고를 바탕으로 해야 한다. 업무에 대한 뜨거운 마음은 물론 상사와 말도 잘 통해야 한다는 뜻이다.

상사의 마음을 얻는 부하 직원들의 공통된 특징이 있는데, 그들은 상사와 자연스럽게 식사도 같이하고 저녁 회식에도 참가한다. 물론 상사의 경조사에 반드시 찾아가는 것도 잊지 않는다. 차근차근 상사와 친밀감을 높여 신뢰받는 직원이 되어가는 과정을 반드시 거친다.

동료들보다 뒤처지지 않고 제때 승진하고 싶은가? 수월한 방법이 있다. 먼저 상사의 마음을 얻는 것이다. 이 말은 백번 강조해도 지나치지 않다. 상사들은 기본적으로 성실하고 책임감 있는, 그러면서도 동료와 화목한 분위기를 만드는 직원을 좋아한다.

마지막으로 직장에선 새의 두 날개처럼 '실력'과 '상사와의 인간관계'가 중요하다는 점을 꼭 기억해야 한다. 상사는 그 옛날 왕처럼 나의 '생사여탈권'을 쥐고 있다. 그러니 최고의 부하 직원으로 인정받아서 상사를 내 편으로 만들어야 한다.

✳

Part 3

상사가
키워주는
사람들의 비밀

01
상사의 단점까지도 커버해준다

중학교 1학년 과학 교과서에 공생관계에 대한 설명이 나온다. '서로 다른 종의 생물이 상호작용을 통하여 이익을 주고받는 관계' 가 공생관계다. 예를 들어 말미잘은 집게의 껍데기에 붙어서 이동 한다. 거꾸로 집게는 말미잘로 자신의 모습을 위장하고 말미잘이 뿜어내는 '테트라민'이라는 독으로 적을 막아낸다. 생태계에는 이 처럼 서로 종류는 다르지만 일명 '누이 좋고 매부 좋다'는 '공리공 생(公利共生)관계'를 이루면서 생존하는 생물이 많다.

나는 직장 내에 상사와 부하와의 이상적인 관계도 이와 같다고 생각한다. 흔히 상사를 묘사할 때, '가까이 하기에는 너무 먼 당신' 이라면서 다소 왜곡된 인식을 드러낸다. 다시 말해 상사와 나는 '불 가근(不可近) 불가원(不可遠)'이라는 말이다.

*

직장 인생에서 가장 중요한 인간관계 중 하나인데, 상사의 존재 자체가 부담스러워서는 성공적인 직장생활을 할 수 없다. 조선 시대 충신들이 왕을 잘 보필하고 모신 것처럼, 부하는 상사를 비서처럼 잘 모셔야 한다. 조관일의 저서 『비서처럼 일하자』에서는 '직장인으로서 성공하기 위해 어떻게 해야 하는가'라는 의문에 비서라는 롤모델을 이용해 자세히 설명해준다.

비서처럼 일하라. 상사의 장점을 존중하고 단점을 커버해야 한다. 그리고 상사의 성공을 위하여 협력해야 한다. 이렇게 하기 위해서는 상사의 성공이 결국 부하 자신의 성공과 연결됨을 확신(Win-Win)하고 출발해야 한다.

말인즉슨 우선 부하 직원이 상사를 잘 모셔야, 상사도 직장생활을 잘하고 자신도 성공하는 창조적 공생관계가 가능하다는 말이다. 현재 CEO가 아닌 이상, 직장생활을 하는 사람들은 모두 비서의 역할을 하고 있는 셈이다. 혹시 CEO가 너무 높은 존재로 느껴진다면, 지금 내가 모시는 상사를 CEO라 생각하고 접근해보면 어떨까? 나는 혹시 내가 비서의 역할을 충실하게 하고 있는지 돌이켜볼 때마다 먼저 상사에게 죄송스러운 생각이 들고 가슴 한편에 있던 미안함이 밀려온다.

조직 내 업무 처리를 떠나 인간적으로 고독한 보스를 위로하고 칭찬해주면서, 공동의 성취와 성장을 위해 좀 더 보필하지 못했음

*

을 후회할 때가 많다. 상사 본인도 어쩌지 못하는 상사의 단점을 챙겨야 한다. 그래서 상사도 살고 우리 팀, 우리 조직도 살아야 한다. 그래야 그 안에 속한 나도 생존할 수 있다.

상사도 살고 나도 살기 위해선, 내가 상사의 단점을 알고 먼저 커버할 수 있어야 한다. 바꿔 말하면, 지금 모시는 상사의 단점을 커버하기 위해 상사의 단점을 파악하려 노력해야 한다는 말이다. 봐도 모르겠으면 상사에 대해 배우고, 깊이 연구해야 한다. 상사의 성격이나 업무 처리 스타일이 자신과 다를 수 있음을 인정할 필요가 있다. 그리고 자신의 스타일을 상사에게 강요할 게 아니라 상사의 스타일에 자신을 맞추려는 자세가 중요하다. 그래야 같은 문제로 반복해서 스트레스 받지 않고 결국 더 나은 미래를 꿈꿀 수 있다. 13세기 페르시아 시인 이븐 야민은 다음과 같은 시를 썼다.

무언가를 모르고 있으며, 자신이 그 무언가를 모른다는 사실을 아는 사람이 있다. 그런 사실이 결국에는 그에게 지식을 선사할 것이다. 그러나 무언가를 모르고 있으면서, 그 사실을 모르고 있는 사람이 있다. 그는 희망이 없는 사람이다!

이쯤에서 당신에게 "상사의 단점을 커버하기 위해 비서의 역할을 하기로 다짐했는가?"라고 묻고 싶다. 상사가 나와 무엇이 다른지 스타일을 연구하고 배워나가야 한다. 성공적인 직장생활을 원한다면 '상사 매니지먼트'를 할 수 있어야 한다. 상사의 단점을 커버하는 일이 '상사 매니지먼트'의 첫 번째다. 당신은 혹시 스스로 스트레스를 받고 일의 성과가 없는 이유를 이렇게 생각하고 있지는 않는가?

'아, 그 과장만 없었어도 내 인생이 이렇게 꼬이지는 않았을 텐데……'

'차장님 너무하셨어! 내가 밤을 새워가면서 일주일이나 걸려서 만든 보고서를 그 따위로 집어던지다니……'

'오늘은 무슨 일이 벌어질지…… 회사에만 오면 속이 더부룩하고 머리가 아프네.'

이제 상사로 인한 이런 스트레스에 마침표를 찍자. 그 대신 상사에 대해 연구하고 공부하자. 상사가 자신의 단점을 잘 인지하지 못하거나 알고 있어도 고치기 어려워한다면 부하가 그 역할을 대신하고 보완해주면 된다. 그래서 마치 야구 경기의 투수와 포수가 팀워크를 이루는 것 같은 '환상의 콤비'를 이뤄야 한다.

가끔 자신의 상사가 경쟁력도 없고, 비효율적이고, 무능력하다며 혹시 바보가 아닌지 궁금하다는 투로 상담 메일을 보내는 경우가 있다. 물론 상담자에게 감정적으로 공감하고 맞장구를 쳐줄 수도 있지만 나는 이렇게 답변한다.

'우선 나는 당신의 상사를 못 만나봐서 잘 모르겠습니다. 당신의 의견이 맞을 수도 틀릴 수도 있지만, 아무튼 좋습니다. 모든 사람은 완벽하지 않습니다. 저마다 장점이 몇 가지 있습니다. 그리고 단점 역시 몇 개씩 있습니다. 당신이 할 수 있는 최선의 방법을 알

*

려주겠습니다. 상사의 장점을 살려주고 단점을 커버해주세요. 그러면 몰라보게 금방 관계가 좋아질 겁니다.'

상사와 나는 절대 대등한 입장이 아니다. 부장이라는 사람이 단지 나이를 먹었다고 부장이 되었을까? 나의 상사는 짧게는 수년, 길게는 수십 년간의 경험과 노하우를 가진 사람이다. 부하 직원은 상사에게 업무 지시를 받는다. 중간중간 업무 진행 경과를 보고하고 문제점을 협의하고, 종국에 나타난 결과도 상사에게 평가받는다.

이런 상사와 친근해질수록 누가 더 이득이겠는가? 단점을 커버하고 매니지먼트할수록 누가 성장하겠는가? 상사에게 관리받는 부하가 아닌, 상사를 자신과 어울릴 수 있게 관리하는 비즈니스맨이 되도록 노력해야 한다. 우연히 연결된 상사와의 인연을 "아, 그 부장과 만난 것은 지나고 보니 내 인생에 이런 의미가 있구나" 하고 말할 수 있을 만한 필연적인 사건들로 바꾸어야 한다. 상사의 단점을 보완하면 다음과 같은 변화가 나타난다.

첫째, 업무의 효율성이 늘어난다.
둘째, 나의 조직 내 입지가 확고해진다.
셋째, 훌륭한 성과와 잠재적 기회들이 생긴다.

단점을 보완하도록 생각의 관점을 다음과 같이 달리해보자.
"차장님은 가끔 보면 독재자 같습니다."
때때로 마음이 급한 상사, 성격이 불같은 상사를 만나게 된다.

*

평상시에는 괜찮지만 회식자리에서 술에 취하거나 스트레스를 받아 자제심을 잃을 때, 목소리가 격해지는 경우가 있다.

이런 상사와 상대할 때는 항상 평온함을 유지해야 한다. 안정된 인상을 주도록 말투와 목소리의 크기에 신경 써라. 특히 단어의 선택을 고심해야 한다. 나도 모르게 화를 내는 순간 평화적인 관계는 날아가버린다.

"저희 팀장님은 가끔 결정했던 사항을 잘 기억 못하고 결정을 바꿉니다."

이런 상사와 이야기할 때는 당시 정황을 잘 기억해야 한다. 기억력이 좋지 않다면 메모를 하자. 잘 써놓아야 하는 이유는 흠을 잡기 위한 수단이 아니다. 처음과 나중에 결정을 했던 동기와 상사의 상

*

황, 그때의 상사가 무슨 고민을 했는지, 다음번에는 어떤 결정을 내릴지 상사의 입장에서 생각하기 위한 보조수단으로 메모를 활용하자는 말이다. 서툰 글씨라도 기록하는 것이 기억보다 낫다는 의미의 고사성어 '둔필승총(鈍筆勝聰)'이 있지 않은가.

메모를 하면서 '저 사람 기분은 지금 어떨까?' 하고 생각하는 습관을 들이자. 상사와 함께 일하며 성과를 내는 곳이 직장이기 때문에 직장생활을 좀 더 잘하기 위한 방법 중 하나로 상사의 입장도 생각해보자는 말이다. 마치 보험 판매왕이 고객에게 안부를 묻고 경조사를 챙기고 관리하듯이 상사도 관리해야 한다. 일을 잘하기 위해서는 우선 상사에게 관심을 갖고 잘 들어야 한다. 나도 가끔 실수하지만, 지시를 내리는 상사도 사람이기에 실수가 있을 수 있다.

"상사는 선택할 수 없다", "나는 정말 상사 운이 없다", "왜 이런 상사가 나한테 왔는지……" 등으로 한탄해도 소용없다. 여기서 영원히 변하지 않는 회사생활의 진리 하나를 밝히겠다.

'회사에 들어가면 상사가 항상 그림자처럼 따라온다. 당신이 무엇을 하든 붙어 있고, 어디를 가든 빠짐없이 쫓아다닌다.'

이 사실은 변함이 없으므로 상황을 오히려 현명하게 활용할 방법을 생각해보자. 절대 주의해야 할 점은 상사를 바꾸려 하지 말라는 것이다. 이 말을 귓등으로 흘려듣다간 정말 큰일이 난다. 상사의 현재 그 모습 그대로를 인정해주어야 한다. 상사의 장점을 살리고 단점은 보완해주면 금상첨화다. 부하 직원이 앞서 상사의 단점을 보완하지 않으면 서로가 지치게 된다.

*

122

입사한 지 얼마 되지 않을 때였다. 회사 체육대회가 끝나고 회식 자리에서 상사들과 환담을 나누었다. 술이 몇 순배 돌고 자리가 익어가자 상사 한 분이 "외롭다"고 말했다. 나는 높은 직급에 계신 분이 왜 그런 말씀을 하는지 이해하지 못했지만 지금은 어느 정도 이해가 간다. 상사도 평범한 사람이다. 높은 직급에 있다고 항상 인간관계가 좋고, 외로움을 타지 않는가? 아니다. 상사도 팀원들과 같이 어울리고 웃으며 회식 가서 함께 즐기고 싶어 한다.

부하 직원은 상사가 조직 내 구성원들과 잘 어울릴 수 있도록 배려해줘야 한다. 건강한 인간관계의 기본은 건전한 '주고받음'이다. 상사의 단점을 커버해줄 수 있어야 훗날 나의 단점을 상사가 커버해준다. 직장에서도 이런 상대성의 원리가 작용된다. 상사가 고맙게 해주면 고마움을 느껴야 한다. 고맙다고 표현해야 한다. 상사가 칭찬받을 만한 일을 하면 마땅히 그를 칭찬하고 격려해야 한다.

이렇게 중요한 상사의 단점을 보완하면 오히려 나에게 더 많은 득이 돌아온다. 절대 상사를 가까이 하기엔 너무 먼 당신으로 두지 말자. 상사의 단점을 보완해주며 최강 콤비로 만들자. 지금 힘들더라도 적극적으로 관계를 개선할 방법을 모색하고, 그를 도와 조직이 목표를 달성할 수 있도록 돕자. 그렇게 스스로 실력을 기르고, 상사의 단점까지도 커버하는 핵심인재가 되어보자. 나와 조직의 앞날에 대한 확신과 비전을 지닌 미래의 주역이 될 것이다. 이것이 바로 상사와 내가 '윈윈'하는 '공동우승자'가 되는 길이다.

*

02

불평불만을
화끈하게 털어놓는다

'임금님 귀는 당나귀 귀'라는 전래동화가 있다. 정말 하기 어려운 말을 하고 싶은데 억지로 참고 있으면 어떻게 되는가를 상징적으로 보여주는 이야기다. 이처럼 사람에게는 누구나 하고 싶은 말을 할 수 있는 '대나무 숲'이 필요하다. 현대 직장인들에게는 그 대나무 숲이 회사 앞 포장마차가 아닌가 싶다. 가끔 회사가 밀집해 있는 곳의 포장마차에 가면 상사에 대한 불만을 단골 안주로 삼는 회사원들을 많이 볼 수 있다.

회사에 다니는 동안 여러 불평불만이 있을 수 있다. 다른 사람이 보기에는 완벽한 조건에서 일하는 소위 '신의 직장'에 다니는 사람조차도 본인의 연봉, 근무 환경, 복지제도, 인사 평가, 구내식당 식사의 품질 등 이루 말할 수 없이 많은 것에 불만을 품는다. 그중에

*

서 가장 많은 불만은 직장 내 인간관계, 특히 상사에 대한 것이다. 불만이 많은 부하 직원은 상사의 단점으로 '권위적인, 잘난 체하는, 이기적인, 계산적인, 무능한' 등등 상사의 모든 행태를 꼬집는다.

그러나 입장 바꿔 '친근하고, 겸손하고, 이타적이고, 마음이 넓고, 유능한' 상사와 일하는 직원에게는 불평불만이 없을까? 절대 그렇지 않다. 그런 상사를 모시는 아랫사람에게도 나름의 불만과 고충이 있게 마련이다. 어쨌거나 불평불만을 상사에게 허심탄회하게 토로한다는 것은 말처럼 쉽지 않다.

직장 내에서 상사에게 하기 어려운 말은 왜 생기는 걸까? 아랫사람들의 불평불만의 대부분은 업무적으로 상사를 설득시키지 못하는 데서 나오는 경우가 많다. 이른바 '상사에게 깨지고 나서 나오는 화풀이'며, 상하 갈등이 생겨나는 발단이 된다. 아랫사람 입장에서는 논리와 명분을 가지고 상사와 한판 붙었는데 상사에게 KO패하고 난 후의 넋두리인 셈이다.

그러나 지구상 그 어느 아랫사람도 상사와 싸워서 이길 수 없다. 간단히 말하면 상사는 부하 직원보다 언제나 위대하다. 무조건 상사가 이기게 되어 있다. 상사가 절대 우위에 있는 이유는 상사로서의 직급에서 나오는 힘, 즉 포지션파워(Position Power)뿐만 아니라 실무자보다 더 많은 사내 정보를 갖고 있고, 경영전략 또한 훤히 꿰뚫고 있기 때문이다. 그렇다면 어떻게 해야 할까?

답은 간단하다. 부하는 상사에게 불평불만을 화끈하게 털어놓고(Speak-up), 상사는 잘 듣고(Listen Carefully) 허심탄회하게 대응해

*

주면 된다. 이것이 직장 내 커뮤니케이션 중 가장 중요한 부분이다.

『사람이 중요하다』를 저술한 홍성민은 부하의 말을 귀담아 들어야 하는 이유를 다음과 같이 설명한다.

> 부하의 말을 귀담아 들어라. 유능한 리더가 되려면 부하들의 고통, 불만, 불평 등에 귀를 기울여야 한다. 부하들의 불만에는 분명 그에 합당한 이유가 있을 것이라고 생각하는 편이 좋다. 귀를 기울이고 관심을 표하는 것만으로도 얼마의 불평불만은 해소될 수 있다. 여론에 귀를 기울이지 않거나 불평을 원천 봉쇄하려다가 불평이 사라지기는커녕 보이지 않는 곳에서 더 크게 자라나게 된다.

요즘 일부 회사에서는 최고경영자들이 직접 게시판에 댓글을 쓰거나 소셜 네트워크 서비스(SNS) 등을 통해 일반 직원들과 소통하는 경우도 늘었다. 한 중견기업 사장은 "직원들의 목소리를 대변하는 경우도 있기 때문에 사내 게시판에 가끔 들어가봅니다"라고 말했다. 일선 팀장들은 사내 '정보통'들과 술자리 등에서 다양한 회사 정보를 교환하기도 한다. 최근에는 회사에서도 수평적 커뮤니케이션의 확산이 일어나고 있기 때문이다. 한편, 사내 게시판 등 온라인 등을 통해 당당하게 자신의 의견을 표현하는 젊은 직원들이 늘면서 이 같은 소통 수단의 방향 전환에 가속도가 붙고 있다.

이젠 아랫사람도 더 이상 '임금님 귀는 당나귀 귀'라고 대나무 밭에까지 가서 외쳐선 안 된다. 해야 할 말이 있다면 때와 장소를

*

봐서 상사에게 직접 털어놓는 것이 현명하다. 그렇지 않고 변죽만 두드리다간 오히려 사태를 악화시킬 수 있다.

악기 제조 회사의 신입 사원 유는 평소 공 팀장과 함께 일한다. 세대 차이가 나다 보니 점점 오해가 쌓여갔다. 그러던 중 유는 어느 회식자리에서 업무 중 느꼈던 불만을 속 시원히 공 팀장에게 털어놓았다. 공 팀장은 그때를 회상하면서 이렇게 이야기했다.

"아랫사람 특히 신입 사원들은 이것저것 지적하면, 그전까지 하던 일도 바로 포기하고 그만둬버리는 경우가 많기 때문에 하고 싶은 말이 있어도 꾹 참았지. 그런데 유 사원이 먼저 불만을 털어놓아 너무나 기뻤어! 그 바람에 서로 긴밀하게 소통할 수 있었고……."

직장인들 중 이직을 너무 쉽게 생각하는 이들이 많다. 이직을 자주 하는 사람들은 "우리 아버지 세대의 직장과 개념이 다르다. 평생 직장이라는 개념이 사라진 지 오래이므로 한 회사에 묶여 있을 필요가 없다" 또는 "평생직장보다 평생직업이 중요한 시대라고 했다. 내 꿈과 천직을 찾으려면 전직은 피할 수 없다"라고 주장한다. 물론 그 주장에는 어느 정도 공감이 간다. 하지만 혹자는 신입 사원들의 잦은 이직 원인 중 하나가 "때로는 회사 내에서 오해가 쌓여 풀지 못하기 때문이다"라고 말한다. 인내심이 없다 보니 차분히 갈등을 해결할 생각을 하기보다 그냥 '쿨'하게 일도 인간관계도 쉽게 그만둬버린다는 것이다.

그런데 자신의 감정이나 속마음을 상대에게 털어놓는다면 어떨

*

까? 변화경영연구소 소장 구본형은 『구본형의 더 보스』에서 이렇게 말했다.

> 성공적으로 화해하기 위해서는 갈등과 오해는 묵히지 않는다는 원칙을 지켜야 한다. 시간이 지나면 관계를 회복하기기가 더 힘들어진다. 관계를 악화시키는 어떤 갈등의 발단이 생겨나면 그 과정에서 생긴 오해의 싹을 그때그때 제거하는 것이 가장 좋다.

그렇다. 관계를 악화시키는 원인이 있다면 그때그때 바로 해결하는 것이 좋다. 그렇다면 불평불만이나 하기 어려운 말을 속 시원히 하는 방법은 없을까? 물론 있다. 상사와 부하 직원 사이에서 신뢰관계를 잘 쌓으면 된다. 평소 서로를 이해하고 생각을 공유한다면 하기 어려운 말도 하기 쉬워진다. 직언이나 불평불만을 쉽게 말하기 위해서는 먼저 무슨 말이든 할 수 있는 관계를 구축하면 된다.

또한 장소와 시간을 잘 선택해서 말해야 한다. 먼저 화해 분위기를 조성해, 두 사람의 새로운 출발을 위해 일종의 '의식'을 준비하는 것이다. 그래서 서먹서먹하게 사무실에서 말을 꺼내는 것보다는 상사가 다르게 느낄 수 있는 장소를 선택하는 것이 좋다. 술 한 잔 기울일 수 있는 근처 호프집도 좋고, 카페도 좋다. 장소가 결정되면 상사에게 시간을 내달라고 하라. "드릴 말씀이 있습니다. 제가 모시겠습니다. 시간을 많이 빼앗지 않겠습니다"는 정도의 짧은 초대가 좋다. 그리고 "여기는 제가 힘들 때마다 오는 곳입니다" 하는 식으

*

로 자연스럽게 시작해서 그동안 하고 싶었던 말을 솔직하게 털어놓으면 된다.

상사에게 속마음 또는 건의 사항을 털어놓기 전에 한 가지 주의해야 할 것이 있다. 불평불만을 이야기할 때, 자신만 잘먹고 잘살고자 하는 이기적인 마음, 즉 '사심'이 없어야 한다. 실은 이 부문이 상사와 대면할 때 가장 어려운 부분이면서 동시에 가장 중요한 대목이기도 하다. 반면, 이런 사심 없는 태도는 자신이 말한 의견이 받아들여지지 않더라도 자신에게 가장 안전한 장치이기도 하다. 속 시원히 털어놓고 개선안을 주장하면서 회사에 이익이 되고 발전을 가져오는 안을 내어놓아야지, 자신의 이익을 위해 감추어놓은 다른 보따리가 있어서는 곤란하다.

아랫사람이 상사에게 건의한 의견이 받아들여지는 데 성공하면, 직원의 참신한 아이디어가 경영에 반영되는 좋은 회사라는 소문이 나서 인재들이 모여들고, 조직이 한 단계 더 도약할 기반이 된다. 상사에게 선한 의도로 털어놓은 불평불만과 건의가 수렴되는 과정을 거치면서 사내시스템의 불합리한 점을 개선할 수 있다. 이 또한 결론적으로 회사의 성장에 도움이 된다.

상사도 부하 직원의 의견을 받아들이고 나면 좋은 점이 있다. 바로 부하 직원이 상사와 조직을 위해 혼신의 힘을 다하게 된다는 점이다. 보통 비밀처럼 감추어놓았던 '속마음을 공유하는 일'은 강력한 유대감을 불러온다. 중국 예양의 고사 중 '남자는 자신을 알아주는 사람을 위해 목숨을 바치고, 여자는 자신을 기쁘게 해주는 사람을 위해 화장을 한다'는 말처럼 스스로 주인의식을 갖고 일하는 직원일수록 회사에 대한 로열티가 한층 높아지지 않겠는가.

부하 직원과 상사가 서로 조화를 이루며 윈윈해야 회사는 성장한다. 그런 면에서 부하 직원은 상사에게 불평불만을 속 시원히 털어놓고, 상사는 허심탄회하게 대화할 환경을 조성해야 한다. 그러기 위해선 먼저 부하 직원이 상사에 대한 불평불만을 속 시원히 털어놓을 수 있어야 한다. 또한 상사는 일 잘하는 직원에게 우호적이다. 먼저 자신의 업무에 최선을 다해 성과를 내야 한다.

*

03

일을 스스로 찾아서 하는
적극성을 보인다

인간을 동물과 구별 짓는 가장 큰 특징 두 가지는 '도구 활용'과 '사고 능력'이다. 즉, 필요에 따라 도구를 만들어 쓰고 스스로 생각하는 능력이 바로 인류문명을 이룩하고 문화를 이끌어나가는 힘이다. 그래서 철학자 에리히 프롬은 스스로 결정해서 행동하는 자유의지(free will)가 없는 인간을 '소외된 인간'이라고 규정했다.

한때 텔레비전에서 줄기차게 흘러나오던 학습지 광고가 있다. 도입부에서 아이들이 부르는 경쾌한 노래가 흘러나온다.

"자기의 일은 스스로 하자. 알아서 척척척 스스로 어린이!"

30초 남짓한 짧은 시간 동안 해맑은 아이의 모습이 등장한다. 양치질도 발표도 복습도 스스로 한다. 그것도 엄마가 시키기 전에 '알아서 척척척' 말이다.

*

점점 더 창의성과 창조력을 강조하는 시대다. 회사는 리더의 명령과 지시가 없어도 자율과 창의에 의해 스스로 움직이는 인재를 원한다. 상사가 원하는 가장 이상적인 인재의 모습 중 하나도 다름 아닌 '스스로 일하는' 적극적인 인재다.

나는 10여 년간 직장생활을 하면서 열정적인 동료들을 많이 만났다. 그 인재들은 하나같이 아침 출근 인사부터 활기차고, 업무하는 모습도 그렇게 역동적일 수 없다. 같은 공간에서 일하는 사람들까지 그 열정에 저절로 전염이 된다. 그런데 이런 '열정 직원'의 공통점은 자신의 일을 스스로 찾아 한다는 점이다.

그들은 주위 직원이 말하는 아래와 같은 틀에 박힌 메시지를 거부한다.

"오버하지 말고 월급 받는 만큼만 일해! 누가 알아준다고 그런 세세한 것까지 챙기나?"

"괜히 내부감사 때 징계 먹지 말고 매뉴얼대로 하게나. 새로운 방법은 시도도 하지 마!"

"하던 대로 하면 돼. 이건 우리 부서가 처음 생긴 이래 10년 동안이나 이렇게 처리해왔어!"

스스로 일하는 '자가 발전형' 인재의 귀는 위와 같은 구태의연한 메시지를 단호히 거부한다. 그리고 한 가지를 맡더라도 뚝심 있게 일한다.

이런 뚝심의 비밀은 무엇일까? 어떤 힘이 이들로 하여금 소신 있게 자신의 일을 찾아 하는 인재가 되도록 만들었을까? 그 원동력

*

을 살펴보자.

『스토리가 스펙을 이긴다』의 저자 김정태는 직장에서의 성취를 위한 스스로 일하는 자세를 이렇게 강조했다.

성취란 스스로 움직이게 만드는 힘, 즉 자유의지가 있을 때 가능하다. 이는 힘든 직장이더라도, 월급이 적더라도 자신이 원하는 일을 스스로 찾아서 하는 것을 뜻한다.

그러면서 그는 당시 스스로를 '소셜디자이너'라고 명했던 박원순 변호사(현 서울시장)의 말을 인용했다.

삶을 살아가면서 남의 강요나 유혹에 의해서가 아닌, 자신이 진정으로 원해서 자발적으로 일을 해본 적이 얼마나 있는가?

소신 있게 스스로 찾아서 일하는 인재는 자유의지를 지녔다. 그래서 일할 때 마음속으로 즐겁게 자신만의 노래를 부른다.

"나는 이 업무를 개선할 거야. 더 잘해보고 싶으니까. 매일 배우고 도전할 거야. 그래야 나는 직성이 풀리니까."

그런데 후렴이 하이라이트이다. 뚝심 있게 추진하고 새로운 일에 도전할 때마다 누군가 그들에게 부정적인 메시지를 쏟아놓을라치면, 머릿속으로 이 멋진 가사를 되뇐다.

"나는 꿈꾸는 드림워커, 자가 발전형 핵심인재. 남의 말대로 일하지 않아. 나는 나를 사랑하니까."

'과연 당신은 이 회사의 주인인가?' 그리고 '매일 스스로 일하는가?'라는 물음에 대해 진지하게 생각해봐야 한다. 그리고 '나에겐 단순히 생계를 해결하기 위한 목적뿐만 아니라 그 윗 단계의 목표가 있지 않은가?'라는 질문을 던져야 한다.

그렇다. 대학을 졸업하고 처음 면접 볼 때를 생각해보자. 행복해지고, 꿈을 성취하고, 재능과 능력을 펼쳐 보이기 위해 스스로 선택해 입사했다. 지금 가는 이 길을 자신이 결정했다는 말이다. 그런데 왜 남이 시키는 대로만 하는가? 어째서 열정과 영혼 없이 과거의 방식만을 답습하는가? 무엇 때문에 피곤에 지쳐 매일 퇴근 시간만 기다리는가? 뭔가가 잘못되고 있다는 생각이 들 때 변화를 위한 한 발짝을 내딛어야 한다.

그러나 안타깝게도 우리나라는 직장인들의 업무 몰입도나 기업에 대한 주인의식이 그리 높지는 않다는 조사 결과가 있다. 글로벌 경영 컨설팅업체 타워스왓슨(Towers Watson)이 직장인들을 대상으로 '스스로 일을 찾아서, 집중하는 업무 몰입도'를 조사한 결과 한국 직장인 응답자 중 6퍼센트만이 '일에 몰입한다'고 답했다. 이는 글로벌 평균인 21퍼센트에 비해 상당히 낮은 수치다.

카이스트의 정완상 교수는 『암스트롱이 들려주는 달 이야기』라는 초등학생을 위한 책을 저술했다. 여기서 그는 천체의 별을 세 가지로 분류했다. 바로 항성, 행성, 위성이다. 그는 태양처럼 스스로 빛을 내는 항성이 있고, 항성을 반사해 빛을 내는 행성이 있으며,

*

행성의 주위를 도는 위성이 있다고 말했다.

직장 내 인재 역시 세 부류로 나눌 수 있다.

첫째로 스스로 일하는 '항성급 인재'다. 항상 더 잘하려는 마음가짐을 갖고 있으며, 일을 하는 동기가 자신의 외부에 있지 않고, 스스로 타오르기 때문이다.

두 번째 부류는 스스로 빛을 내는 항성의 지시나 영향을 받아서 일하는 '행성급 인재'다. 주위의 환경이 변하거나 어려워지면 금방 식는다. 마치 대학 MT 때 캠프파이어를 위해 모래사장에 피운 장작불 같다. 낭만적이지만 그 불은 하룻밤을 넘기지 못하기 때문이다.

세 번째는 '위성급 인재'다. 이들은 시키는 일도 만족스럽게 하지 못한다. 태양빛도 제대로 반사하지 못하니 늘 어둡고 춥다. 물론 꿈에도 주인의식을 갖고 일하기를 기대할 수 없다.

당신은 회사를 살리는 인재, 상사의 오른팔로 성장하는 인재가 누구라고 생각하는가? 맞다. 항성급 인재다. 스스로 일하는 인재는 항상 에너지 넘치는 태양과 같다. 오너나 사장의 마인드로 일한다. 그래서 눈에 불을 켜고 맡은 업무를 개선해나간다. 매일 노력한다.

후배들을 상대로 강연할 때, 눈빛이 강렬한 한 학생이 이런 질문을 해왔다.

"월급 받는 직장인이, 세일즈나 판매를 하는 1인 기업가도 아니고 회사의 경영을 책임지는 사장도 아닌데, 주인의식을 갖기가 어디 그리 쉬운가요?"

나는 이렇게 답했다.

*

"모든 사람은 스스로 만든 틀 속에 자신을 가둬요. 조금 나아가면, '이만하면 되었다' 하면서 안주하려는 속성을 가지죠. 그러나 어제의 자리에 머물면, 더 이상 먹을 것이 없어요. 혁명의 특성은 언제나 '가차 없다'는 점이에요. 살아남는 기업의 구성원은 매일 새로운 사람, 새로운 가치를 받아들이고 발전시키죠. 자신을 바꾸는 길은 가시밭길이지만 명심하세요. 자기가 주인인 삶을 살려면, 이 과정을 수십, 수백 번 거듭해야 해요."

주인의식과 더불어 스스로 일을 찾아 하는 인재가 되기 위해서 갖추어야 할 능력은 바로 '학습하는 힘'이다. 스스로 일하는 인재는 늘 '이 일이 장래에 어떤 힘이 될까?' 하는 미래 지향적인 사고방식을 갖고 일한다. 끊임없는 학습 자세와 진취적인 태도로 업무에 임하면서 '이 일을 배우면 다음 단계에서는 어떤 일을 할 수 있을까?'를 유념해둔다. 부족한 점이 있으면 '어디 가야 배울 수 있을까?'를 고민하면서 알아가고 배워가야 한다.

대학 졸업 후 회사에 취직한다고 하여 학습이 결코 끝나는 게 아니다. 나의 경우도 입사해 매년 150시간 이상 온·오프라인으로 학습하고 개인 비용을 투자해서라도 배운 것이 많다. 당신이 숨 쉬는 지금 이 순간에도 배워야 할 신기술과 지식이 계속 생겨나고 있다. 실로 가슴 뛰는 일이다.

대한민국 산업의 미래를 앞서 고민한 『코리아 웨이』의 저자 김병기는 이렇게 말했다.

*

1970년대에는 철, 1980~1990년대에는 반도체가 우리나라 산업의 쌀이었다. 철은 하드웨어, 반도체는 IT 산업의 핵심소재로서 대한민국을 산업 강국으로 만든 원동력이었다. 이제 우리는 10~20년 후 미래의 먹거리, 즉 새로운 산업의 쌀을 찾아야 한다. 이제는 태양열, 풍력, 그린 카 등 녹색성장 산업의 성장 가능성을 분석하고, 발전전략을 세워 업그레이드된 기업경쟁력으로 글로벌 시장을 주도해보자.

글로벌 경쟁 시대에는 외부 환경이 기업의 변화를 재촉한다. 얼마 전까지만 해도 한국 기업들이 선진 기업의 경영방식을 배우고 시장 선도 제품을 따라가기 위해 노력해왔지만, 이제는 모바일이나 디스플레이 분야에서 세계를 선도해나가고 있다. 이젠 더 이상 배울 상대도, 모방할 제품도 많지 않다. 그래서 미래를 주도할 산업과 먹거리를 찾기 위해, 그 바쁜 대기업의 총수도 일주일이나 며칠씩 '생각의 주간'이나 '사유의 시간'을 갖는다.

요즘 기업은 단순히 지식만 많이 암기해 축적하는 '하드디스크형 인재'보다 다양한 지식을 결합하고 융합할 수 있는 '생각할 줄 아는 CPU형 인재'를 찾는다. 창의적인 상상력의 나래를 펼치는 CPU형 인재가 스스로 일하는 인재로 발전하기 때문이다. 이런 인재가 되기 위해서는 입사해서부터 잘 학습해야 한다.

능력 있고 성격까지 좋은 인재는 귀하다. 그리고 이런 인재는 대부분 스스로 일을 찾아서 한다. 자연히 이끌어주는 선배도 많고, 인

*

간관계도 좋다. 보통 스스로 일을 찾아서 하는 인재가 또 다른 우수 인재를 양성하는 '인재 제조기'가 된다. 이러한 선순환을 신입 사원도 직감적으로 알고 있다. 그래서 진취적인 자세를 가지고 도전적으로 업무하는 선배 밑에서 일을 배우기 원하는 것이다.

끊임없는 학습 자세와 진취적인 태도로 업무에 임하자. 하다 막히면 타인에게 물어보고, 책도 참고하며 열심히 배워가자. 성공 경험을 반복하면서 스스로 일을 찾아서 하자. 그리하여 상사에게 없어선 안 될 부하 직원으로 성장하자.

*

04
최대한 빠른 시간에
주어진 일을 마친다

'급히 먹는 밥이 목이 멘다'라는 속담이 있다. 한문 중에도 '사흘 길을 하루 만에 가고 열흘 눕는다'라는 뜻의 '삼일지정(三日之程) 일일왕(一日往) 십일와(十日臥)'가 있다. 모두 일을 너무 서두르면 오히려 부작용이 더 크다는 의미다.

그렇다. 일을 급하게 처리하다 보면 예상치 못한 실수가 꼭 나오게 마련이다. 확실히 여유를 가지고 차근차근 진행하면 착오를 최소화할 수 있다. 그러나 회사에서는 직장인에게 마냥 오랫동안 일하도록 마감 기한을 늘려주지 않는다. 정보 산업이 급격히 발전한 현대사회는 그 어떤 시대보다도 더 빠른 일 처리를 요구한다. 조직구성원 대부분이 바쁜 일상을 보내고 있기에 각자가 진행 중인 일에는 반드시 데드라인이 있다. 항상 그 데드라인 안에 일을 마쳐야 한다. 모든 일에는 때가 있기 때문이다.

『지금 있는 곳에서 승부를 걸어라』의 저자 정보영은 일을 빨리 처리하는 능력에 대해 이렇게 말했다.

> 흔히 회사에서 능력이 있다고 한다면, 그것은 일을 남보다 빠르고 정확하게 할 수 있다는 말이다. 특히 '빨리 한다'는 요즘 엘리트의 능력을 대표하는 말이기도 하다.

그의 말대로, 일을 정말 빨리 해내는 사람은 감각적인 면에서 보통 사람보다 일 처리가 두세 배 빠르다. 그는 실제로 일을 빨리 한다고 하는 사람을 모아놓은 팀과 정반대의 사람들을 모아놓은 팀에게 똑같은 과제를 주었을 때, 속도 차이가 열 배까지 났다는 사례도 들었다.

서울 S 호텔에서 신입 호텔리어들을 교육하는 인재교육팀 M 과장은 그들을 교육할 때, 상사가 지시한 업무를 기한 내 끝내도록 가르치는 이유에 대해 이렇게 말했다.

"우리 호텔은 엄격한 지도 교육을 통해 기한 내 일을 마칠 것을 강조합니다. 지시한 것을 기한 내 완수할 수 있어야 성숙한 직원이 될뿐더러, 전사적으로 볼 때 우리 호텔 각 팀이 흐리멍덩한 조직이 되지 않기 때문입니다."

자신에게 주어진 일을 최대한 빨리 마치는 습관을 기르면 여러 이점이 있다. 유능한 상사들은 당장 자신들부터도 맡은 일을 빨리

*

마치는 습관을 갖고 있다. 그래서 그들은 부하 직원에게 일을 맡길 때 반드시 적절한 마감 기한을 정해주면서 이렇게 조언한다.

"일을 빨리 마칠 수 있는 방법을 찾도록 항상 머리를 쓰게. 일을 하는 자신도 다른 일을 할 시간이 생기니 좋고, 같은 시간에 여러 경험을 쌓을 수 있어 자네에게도 플러스가 되니까 말이네."

상사의 주요한 임무 중 하나는 부하 직원으로 하여금 아래 사실을 스스로 깨닫게 만드는 일이다.

'주어진 일을 신속히 진행해 기한보다 빨리 일을 끝내는 것이 훨씬 편하구나! 아무리 바쁠지라도 바쁜 척하지 않고, 평소와 마찬가지로 재치 있게 일을 처리하자.'

이 깨달은 바를 몸으로 실천하도록 만들 책임 또한 상사에게 있다. 마치 서예가가 일필휘지로 멋지게 글을 써내려가듯이 신속하게 힘든 일을 처리하면서 많은 일과 경험을 쌓아가는 직원으로 만드는 것이 목표인 것이다. 상사들은 날이 갈수록 점점 더 성장해 결국 다른 동료들이 넘보지 못하는 달필의 경지로 올라가길 희망한다.

그렇다면 주어진 일을 빨리 마치기 위해 필요한 능력에는 어떤 것들이 있을까? 세 가지로 압축된다.

첫째, 먼저 자신의 일을 사랑해야 한다.

보통 사람이라면 일반적으로 능력에서는 그리 큰 차이가 없다. 보통 그러한 차이가 나게 하는 것은 바로 '마음가짐'이다. 프로 수준의 일 처리 능력을 자랑하는 사람들은 자신의 일을 사랑한다는 공통점이 있다. 사랑하니까 자랑할 수 있고, 거기에는 하늘이 두 쪽 나도 지켜야 할 '철저한 직업의식'이 자리하고 있다.

21세기 신지식인으로 뽑히기도 한 『철가방에서 스타강사로』의 저자 조태훈 사장이 있다. 그는 원래 고려대학교 인근의 '설성반점'이라는 한 중국집 철가방 배달부였다. 짜장면을 빛의 속도로 가져다줄 뿐만 아니라 '비벼주기 서비스'까지 제공하던 그는 '번개'라는 이름으로 유명했다. 중국집 배달원이라는 신분과 환경에 좌절하기는커녕 그는 자신의 일을 즐기고 사랑했다.

그래서 생업에서 얻은 '번개 노하우'로 강의를 해달라는 요청도 받았고, 급기야 21세기 신지식인으로 선정되었다. 그리고 끝내 자신의 별명을 본 따 일산에 '번개 1호점'을 열었다. 현재 번개의 서비스 정신을 바탕으로 전국에 수많은 체인점을 운영하고 있다.

둘째, 일을 빨리 해야 하는 동기를 스스로 부여하는 능력을 갖춰야 한다.

일을 시작하기 전 스스로에게 '왜 그 일을 빨리 끝내야 하는가?'를 묻고 답을 찾아내는 힘을 키워야 한다. 일하는 기술보다 왜 그 일을 해야 하는지의 이유가 중요하다는 뜻이다. 어떻게 나무꾼은 땔감 한 짐을 그리도 빨리 끝낼 수 있을까? 그가 다른 사람보다 일을 많이 하기 때문일까, 아니면 그의 도끼에 날이 섰기 때문일까? 둘 다 이유가 된다. 그러나 그보다 중요한 것은 동기부여다. 아내인 선녀가 집에서 기다리고 있었기에 나무 한 짐을 뚝딱 해서 갈 수 있

*

었다.

『뇌과학』을 저술한 이승헌 박사는 동기부여에 의해 움직이는 우리 뇌에 대해 이렇게 설명했다.

뇌를 100퍼센트 깨어나게 하는 일은 결코 기능적인 훈련만으로는 되지 않는다. 우리의 뇌는 동기부여에 의해 움직이기 때문이다. 더 정확히 표현하면, 뇌가 기능을 발휘하는 정도는 무엇보다 '나는 누구인가?'와 '내 삶의 목적은 무엇인가?'라는 질문에 대한 우리 자신의 대답에 의해 제한된다.

'열심히 일하는 것'도 중요하지만 '일하는 의미'를 철저하게 정의하고 일하는 편이 더 창의적이고 좋은 결과물을 낼 수 있으며 본인 스스로도 일하는 만족감을 최대로 얻을 수 있다. 그러므로 우리는 내가 하는 일의 중요한 의미를 스스로 찾고 또 부여할 수 있어야 한다.

셋째, 일을 빨리 할 수 있도록 돕는 좋은 습관을 지녀야 한다.

맨 처음에는 사람이 습관을 만들지만, 어느 순간엔가 습관이 사람을 만든다. 일을 최대한 빨리 마치는 사람들이 가진 습관은 '시간을 엄수한다', '매사에 집중한다'이다. 그뿐만 아니라 '매일 자기 전문성에 깊이를 더한다', '나는 일을 끝까지 해낸다', '항상 받은 보수 이상으로 일한다' 같은 사고의 습관을 갖고 있다. 이런 습관을 움

✳

켜쥐면 결국 최적의 업무 성과를 올릴 수 있다.

성공학의 대가 나폴레온 힐은 한 대학에서 자신의 성공철학에 관하여 다음과 같은 대담을 했다.

진행자 : 보수 이상으로 일하는 습관 때문에 손해를 본 사람은 없나요?

힐 : 네. 의식적으로 그랬든 무의식적으로 그랬든지 간에 보수 이상으로 일하는 습관을 가진 사람치고 성공하지 못한 사람을 본 적이 없습니다. 직업을 불문하고 성공한 사람들을 조사해보면 그들은 정해진 시간만큼만 일하는 사람들이 아니라는 사실을 알 수 있습니다.

삶이 무엇인지 고민하고 있는가? 운명은 복잡하지 않다. 습관화된 행동의 누적일 뿐이다. 열정을 가지고 오랜 시간 일하다 보면 반드시 빨리 처리할 수 있는 능력이 생긴다. 당연히 빠른 일 처리 능력을 연마할수록 나는 주변에서 필요로 하는 사람이 될뿐더러 스스로도 일에 따른 성취감과 만족감이 배가 된다.

이러한 습관이 체화되면 조직으로부터 당신은 인정받을 것이다. 조직에서 영향력 또한 커질 것이다. 승진하여 연봉과 인센티브가 늘어날 것이다. 영업자일 경우 입소문을 타고 매출이 늘어나 행복한 나날을 보낼 것이다. 맡은 직분과 종사하는 직종이 무엇이든지 간에 하나같이 눈부신 성과를 이룰 것이다.

*

요즘 직장에서 살아남기 위해선 기존 업무에 대한 전문성은 물론 어학, 자격증을 취득하는 것은 기본이다. 게다가 업무의 폭도 점점 넓어지면서 연관된 다른 분야의 지식까지 쌓아야 한다. 능력을 인정받지 못한 직원은 회사에서 더 이상 제구실을 하기 힘든 시대가 온 것이다.

단순 업무는 이제 기계와 컴퓨터로 대체되고 있다. 산업화 시대처럼 그저 성실하게 일한다고 해서 성공이 보장되지 않는다. 회사 조직 안에서 생존하기 위해서는 타인에게 없는 무기를 손에 넣고 강인한 인내로 끈기 있게 가치를 창출해나가야 한다.

모두가 연봉이 높고 복지혜택이 좋은 직장을 찾아다닌다. 하지만 내가 나 자신에게 줄 수 있는 최고의 복지혜택은 그러한 것들이 아니다. 정말 필요한 것은 일을 빨리 할 수 있는 능력이다. 따라서 매일 겪을 치열한 전투에서 살아남을 능력을 키우는 일이 무엇보다 중요하다.

단언컨대 당신이 빠른 일 처리 능력을 갖춘다면 직업 전선에서 우위를 선점할 것이다. 이제부터 주어진 일을 최대한 빨리 처리하는 능력을 기르고, 일할 동기를 부여해보자. 이것이 일에서 성과를 내고 상사에게 인정받는 최고의 필살기임을 기억하자.

05

상사와
SNS로 소통하는 스마트형이다

.
.
.

.

.

바야흐로 스마트 시대다. 대한민국은 벌써 수년 전부터 세계 1위 스마트폰 보급률을 자랑하고 있다. 실제로 유치원생부터 환갑이 지난 노인에 이르기까지 모두 어디를 가나 스마트폰을 쓰고 있다. 이러한 흐름은 개인이 스마트미디어 활동에 점점 더 많은 관심과 시간을 투자하도록 요구하고 있다.

10여 년 전에 시작된 디지털과 인터넷으로 대변되는 사회문화적 코드는 스마트폰이 기폭제가 되어 폭발적으로 확산되었다. 그래서 성공하는 직장인으로 거듭나기 위해서는 스마트한 조류와 문화에 적극 적응할 필요가 있다. 인간관계를 맺고 네트워킹을 하는 데에서 디지털 기기, SNS, 블로그의 역할이 너무 커서 이제는 더 이상 무시할 수 없는 중요 수단이 되었기 때문이다.

*

11년간 프랑스 미테랑 대통령 보좌관을 지내고 '현존하는 프랑스 최고의 수재'라 불리는 자크 아탈리. 그는 저서 『인간적인 길』에서 인간관계와 네트워킹의 중요성에 관하여 이렇게 말했다.

관계자산(relation capital)을 키워가라. 가난함이란 지금까지는 '갖지' 못한 것을 의미했으나, 가까운 장래에는 '소속되지' 못한 것이 될 것이다. 미래에는 첫째가는 자산이 네트워크의 소속이 될 것이다. 이것은 '주도적으로 성취해가는 삶'을 살아갈 수 있는 우선적 조건이 될 것이다.

자크 아탈리는 미래의 대안사회를 '인간적인 길'이라고 했다. 특히 미래사회가 '인간관계성 자산'에 중점을 둘 것이라고 보고 있다. 눈에 보이는 빌딩이나 높은 직책이 부와 명성의 기준이었으나 앞으로는 기준이 더욱 다채로워진다. 개인의 건강, 지식, 다른 사람과 맺고 있는 관계도 돈이 되는 시대이며, 자신이 소속된 네트워크와 소통하게 해주는 언어도 개인의 권력과 부로 인정해준다.

21세기 초입의 몇 년간은 아날로그에서 디지털로 확실히 전환되는 시기였다. 디지털로의 변화는 우리 주위의 실로 많은 것을 변모시켰다. 음반시장의 주인공이 테이프에서 CD로, 다시 MP3로 변했다. 아이들의 놀이도 축구, 술래잡기에서 게임 스타크래프트로 옮겨갔다. 그 여파로 PC방이 우후죽순처럼 생겨났다.

회사도 그 큰 흐름에서 벗어날 수 없었다. 예를 들어 인맥을 중

*

요시하는 우리 사회에서 명함은 자신을 알리는 수단으로 수 세대 동안 활용되어왔다. 그러나 손바닥 반 크기의 명함에 자신이 누구이고 어떠한 일을 하고 있는지, 내 관심사는 어떤 것들인지 모두 알리기에는 역부족이었다. 그래서 창의적인 사람들은 명함의 공간적 제약을 뛰어넘을 도구를 찾기에 열을 올렸다. 하지만 뾰족한 수가 없던 차에 인터넷이라는 문을 통해 진입하게 된 디지털 세계가 이런 고민을 말끔히 해결해주었다.

명함에 기본적인 정보를 넣고 단지 마지막 한 줄에 블로그 주소를 추가해서 넣기만 하면, 내게 호감이나 관심 있는 사람은 반드시 내 블로그에 방문한다. 또한 이렇게 관심 있는 사람들끼리 끈으로 엮는 SNS가 활발하게 작동하고 있으므로 이제 종이 명함 마지막 한 줄의 중요성은 점점 커지고 있다.

세상의 작고 사소한 부분도 이렇게 변해가는데, 조직 내 상사와 부하 직원의 관계라고 예외겠는가! 요즘은 상사와 부하 직원도 SNS나 블로그로 교감하는 스마트 소통 시대다. 왜 직장인들이 스마트한 소통을 중요시할까? 오프라인에서 이루어지던 기존의 상하 대면의 소통방식과 SNS로 대변되는 디지털 소통방식을 비교해보자. 그러면 어렵지 않게 다음의 세 가지 장점을 발견할 수 있다.

첫째, 스마트한 소통은 간편하다.

19세기에 상사에게 보고서를 올리기 위해선 먼저 문서를 타이핑했고, 도표는 사람이 직접 손으로 그렸다. 이윽고 20세기 PC가 제공되자, 컴퓨터를 활용하여 문서 작업을 하게 되었다. 마이크로 소프트 엑셀, 워드, PPT 같은 획기적인 프로그램이 등장해 비로소 문서 편집 때 단축키 기능 등을 활용할 수 있게 되었다.

되돌아보면 불과 30년 전만 하더라도 지금 당연시하는 붙여넣기, 복사하기, 잘라내기 기능이 없었다. 프린터 기기가 없었기 때문에 그때는 상사가 보기 쉽도록 글씨를 정자로 반듯하게 쓰는 것도 중요한 업무 능력 중 하나였다. 그러나 요즘은 1초면 간편하게 올 컬러로 원하는 크기에 맞게 출력할 수 있다. 마음 급한 상사가 몇 분을 기다리지 못하고, 문서 작성을 하는 부하 직원 뒤에서 팔짱을 끼고 초조히 서성이는 직장 풍경은 사라져버렸다.

이제는 상사의 일상이 궁금하면 블로그에 들어가고, 부하 직원의 생각이 궁금해지면 페이스북에 친구를 맺고 들어가 올려진 글들을 보면 된다. 며칠을 고심하면서 상대의 취향과 관심사를 알아내기 위해 여러 사람을 수소문할 필요도 없어졌다. 얼마나 간편하고 스마트한가!

둘째, 스마트한 소통은 신속하다.

지금은 스마트폰으로 사진도 전송하고, 음성파일도 보낼 수 있으며, 서로 필요한 파일을 몇 초 만에 주고받을 수 있는 LTE급 소통 시대다. 스마트폰 덕분에 상사와의 의사소통을 위한 준비가 간편해지고 빨라졌다는 말이다. 자유로운 소통을 원하던 직원들에게 지금의 시대는 가히 천국이라 할 만하다.

＊

나 역시 이 신속함과 스마트함에 반해서 수년 전부터 디지털을 중심으로 모든 일을 처리하고 있다. 사무실 밖에서도 스마트폰을 통해 회사 업무용 포털사이트에 접속해 메일 확인, 결재 상신 대부분을 간단히 처리하고 있다. 상사와의 소통이나 인간관계도 SNS, 블로그 덕분에 점차 개선하며 스마트하게 유지할 수 있게 되었다. 과거 영화 속의 꿈같은 상상이 현실로 이루어진 것이다.

셋째, 스마트한 소통은 시간과 공간의 한계를 초월한다.

우편으로 편지를 주고받다가 처음 이메일을 전송할 때, 시간이 절약되고 아무리 먼 거리에 있는 사람에게도 정확히 도착하니, 얼마나 신기했던가! 이제는 스마트 기기 덕분에 더욱더 시간적, 공간적 제약이 줄어들었다. 한밤중이라도 상사의 블로그를 방문해 글을 남기고 답글을 체크할 수 있다. 상사와 부하 직원이 저마다 홍콩과 브라질에 출장 나가 있더라도 SNS로 손안에서 즉시 소통 가능하다.

그러나 이처럼 간편하면서 신속하게 소통하기 위해선 스마트 기기를 부단히 배우고 공부해야 한다. 배우고 공부해야 한다는 말에 머리에 쥐가 나는 사람도 있을 것이다. 하지만 걱정할 필요는 없다. 사용 방법은 얼리어답터가 올려놓은 블로그를 통해, 혹은 신제품 출시와 동시에 출간되는 가이드를 통해 손쉽게 배울 수 있다. 예를 들어 LG전자에서 G2폰을 만들었을 때, 곧 『G2 Using Bible(한 권으로 완성되는 G2 기능과 앱 100% 활용법)』이라는 책이 발간되었기

*

에 해당 사용자는 이를 통해 쉽게 사용법을 익힐 수 있었다.

1년 전 국내 굴지의 의류 회사인 E 그룹에서 임원들을 대상으로 SNS의 개념을 알리는 동시에, 그것을 어떻게 업무에 활용할 것인지에 대한 세미나를 열었다. 그때 세미나 진행자는 이런 말을 했다.

"50대를 훌쩍 넘겨 머리가 희끗한 임원들이 최신 스마트폰을 다루고, 아이패드를 통해 실시간 SNS 연습에 열을 올리는 모습을 보고 그 열정과 배우는 속도에 놀랐습니다. 이는 의류와 스마트폰이 직접적 관련이 없어 보이지만 스마트 기기를 직접 활용할 줄 알아야 부하 직원과 아울러 소비자를 이해하고 즉각적으로 대응할 수 있다는 생각에서 나온 열정이라고 생각합니다. 또한 마음만 먹으면 직원 누구나 스마트하게 일하는 기술을 배울 수 있다는 사실을 제

*

가 깨닫도록 만든 시간이었죠."

가정에서도 마찬가지다. 10대 자녀와 소통하기 원하는가? 그렇다면 자녀들이 인터넷 채팅을 하고 사진을 찍어 올리고 친구들과 소식을 공유하는 방법을 부모 또한 인터넷 세계에 뛰어들어 직접 체험해야 한다. 그런 노력을 기울일 때 10대의 문화를 제대로 이해할 수 있다. 자녀가 어떤 생각을 하고 있고 어떤 것에 관심이 있는지 이해할 때 비로소 진짜 소통을 할 수 있다. 오늘날의 10대 문화를 이해하려면 확실히 스마트폰과 SNS가 필수적인 것이다.

과거의 경험과 지식에 자신을 묶어놓거나 한정해선 안 된다. 승승장구하는 인재들은 필요하다 싶으면 언제든 생각과 대화를 거침없이 수용한다. 상사와 SNS나 블로그로 소통하고, 아울러 생각의 폭과 대화의 범위를 넓히는 스마트 인재가 되어야 한다. 스마트폰이 등장한 이래 지금은 과거와는 달리 무한한 기회의 시대다. 직원한 명 한 명이 자신의 위치에서 기회를 잡아 성과로 만들 때 회사는 성장한다. 그래서 자신 역시 회사로부터 인정받고 더불어 더 많은 기회를 누릴 수 있다.

조직에서 승승장구하기 위해서는 구석기 시대 직원이 아닌, 상사와 SNS로 소통하는 스마트한 직원이 되어야 한다는 사실을 기억하자.

*

06

실수를 인정하고
상사에게 조언을 구한다

미국 전 대통령 클린턴, 그 부부의 화이트워터 게이트 사건을 맡았던 검사들 중 첫 번째 특별검사였던 로버트 피스크는 이렇게 말했다.

"진정한 리더는 실수를 솔직하게 인정한다. 절대 실수를 감추지 않는다. 최고의 교훈은 실수에서 나온다는 사실을 잘 알고 있기 때문이다."

살면서 실수가 없는 사람은 없다. 사람이라면 누구나 실수를 한다. 회사에서 직원이 저지를 수 있는 실수는 너무나 다양하다. 진실을 오해하고 있거나, 실력이 부족하거나, 업무 처리 지식이 부족하거나, 알고도 바빠서 빠뜨리거나, 실언하거나……. 실수를 저지르는 원인은 이루 다 말할 수 없을 만큼 정말 다양하다.

*

모든 직장인은 자신의 상사에게 업무 지시를 받는다. 그다음 업무 진행 경과를 보고하고, 문제점에 대해 협의하고, 최종적 업무 결과로 인사고과 평가를 받는다. 물론 최고경영층 간에도 인간관계가 끈끈하지만 조직의 하부로 내려올수록 상사와 아랫사람의 관계는 더욱 일상적이고 긴밀해진다. 상사와의 관계는 물 흐르듯 원활하고, 수정처럼 투명해야 한다.

그래서 다른 사람은 몰라도 직장 상사 앞에서는 자신의 실수를 인정할 줄 알아야 한다. 상사도 솔직히 실수를 인정하는 인재를 좋아한다. 실수를 인정한다는 것은 이번 일을 계기로 두 번 다시 실수를 반복하지 않겠다는 의지의 표명이기 때문이다.

실수를 인정할 줄 아는 인재에게는 다음의 세 가지 장점이 있다.

첫째, 앞으로 성장할 잠재력이 크다.

인간은 실수를 통해 배운다고 했다. 실수를 통해 더 많은 것을 배울 수 있는 것이다. 그러니 자신이 실수하고, 잘못을 저지른 것이 주위에 알려졌다고 두려워할 필요는 없다. 먼저 실수를 인정하고, 무엇 때문에 실패했는지를 파악하는 것이 중요하다. 그리고 실수를 했을 때 상사가 하는 지시, 명령, 힐책을 흔쾌히 받아들일 필요가 있다.

그다음 제대로 실수의 원인과 정면 대결하여 그것을 제거할 때 비로소 더 크게 성장할 수 있다. 실수를 두려워하면 도전할 수 없다. 계속 실수에 매달리기만 하면 앞으로 나아갈 동력과 에너지를 소비하게 된다.

공병호 박사는 저서 『소울메이트』에서 이렇게 말했다.

도전이 없다면 성장이나 발전, 성취도 있을 수 없다. 그렇다면 결국 실수나 실패가 없다면 성취도 있을 수 없다는 말이다. 왜냐하면 도전과 실수는 동전의 앞뒤와 같이 떼려야 뗄 수 없는 관계이기 때문이다.

최고경영층은 요즘 신입 사원들에게 도전과 패기가 없다며 우려의 눈빛을 보낸다. 그렇다! 젊은이라면 도전해야 한다. 실수나 실책이 삶의 피할 수 없는 부분이라면, 오히려 적극적으로 도전하고 실수를 감내하는 힘을 기르자. 이것이 바로 상사가 좋아하는, 도전하는 인재의 잠재력이다.

둘째, 실수를 솔직히 인정하는 인간적 매력이 있다.

사람들은 완벽해지기를 바라지만, 완벽한 사람처럼 매력 없는 인물도 없다. 자신의 실수를 인정하는 것은 무능함의 탄로가 아니라, 오히려 인간적 매력을 더하는 것이다. 상사도 부하 직원이 먼저 실수를 인정하면 측은지심으로 포용해주고 조언해주고 싶은 마음이 든다.

상사가 진심을 담아 조언해주면 부하 직원은 정신을 바짝 차리고 감사하게 들어야 한다. 상사가 바쁜 가운데 시간을 쪼개고 관심

*

을 기울여 자신의 경험과 노하우를 전해주는 시간이기 때문이다. 설사 상사의 말이 납득 안 가더라도 상사의 충고에 반박하여 대립할 필요는 없다.

존 F. 케네디는 미국 대통령으로 재임할 때 한 연설에서 이렇게 말했다.

"위기라는 말은 위험과 기회로 구성된 것이다."

실수했을 때 다급해하며 숨기기보다 솔직히 인정함으로써 상사가 조언하기 좋은 부하 직원이 되는 편이 오히려 현명하다.

셋째, 정직과 용기를 바탕으로 한 신뢰가 있다.

잘못을 인정하는 사람만큼 신뢰할 수 있는 사람이 또 있을까? 실수를 인정할 줄 아는 사람은 어떤 상황에서도 약속을 지킨다. 스스로 실수를 인정하고, 도움을 청하는 직원은 믿을 수 있는 정직과 용기를 보여주는 사람이다. 이런 이는 회사의 미래를 맡겨도 좋을 사람이다.

반복적으로 잘못된 선택을 내려선 안 된다. 다시는 실수하지 않겠다고 자신과 상사와 약속해야 한다. 무책임한 사람들은 별로 지킬 생각이 없는 약속을 남발한다. 반면 스스로 실수를 인정할 줄 아는 사람은 믿을 만한 사람이기에 어떤 약속도 지킬 수 있는 사람으로 평가받는다.

K대 법학과를 졸업한 M 과장은 생명보험 회사에 근무하고 있다. 올봄부터 그는 회사 부동산 자산관리 업무를 맡게 되었다. 매각

*

관련법과 행정 절차는 그의 전문 분야로, 누구보다 잘 알지만, 실수로 바뀐 새 법을 숙지하지 못하여 회사에 손해를 끼치게 되었다. 고민하다가 부서 팀장에게 공손하게 잘못을 고백하고 용서를 구했으며, 그 즉시 손실 규모를 분석한 보고서를 올렸다.

M 과장의 정직하고 솔직한 태도를 접한 팀장은 "앞으로 신규 부동산법은 자네가 알아보고 관리하게나"라고 부탁했다. M 과장은 팀장의 넓은 도량에 절로 고개가 숙여졌다. 그래서 "팀장님! 이 법은 올해부터 바뀐 시행령에 따라 적용됩니다. 올해부터는 B 안으로 가는 게 좋겠습니다"라며 매번 법 개정마다 꼬박꼬박 성실하게 보고했다. 팀장은 같은 실수를 반복하지 않으면서 열심히 노력하는 M 과장이 고맙기만 하다. M 과장은 자신과의 약속을 지켰다. 어떤 상사가 이런 부하 직원을 좋아하지 않겠는가.

후배들이 나에게 자주 하는 메일 질문이 있다.

'저는 새로 부서 배치를 받은 뒤 요즘 실수가 너무 많다고 사수에게 매일 혼납니다. 실수를 줄이려면 어떻게 해야 할까요?'

대개 이런 사연에는 실수만 하는 자기 자신에 대한 안타까움과 정말 열정적으로 일하고 싶은 진솔한 심정이 느껴진다. 그래서 나는 이렇게 답한다.

'실수하지 않기 위해서는 먼저 상사에게 관심을 갖고, 상사가 뭐라고 하는지 잘 들어야 해요. 상사가 하는 모든 말에 민감해져야해요. 신입 사원뿐만 아니라, 입사한 지 좀 되는 사람도 처음 맡는 업무엔 실수가 많을 수 있지요. 단, 같은 실수를 두 번 반복하면 안

*

됩니다. 수첩에 메모하고 업무일지를 잘 적어놓고 수시로 봐야 해요. 그래야 실수를 줄일 수 있습니다.'

유능한 상사들은 이미 아랫사람을 파악하는 일에 도가 튼 사람들이다. 이 사람의 내공이 어느 정도인지 훤히 알고 있다. 능력은 얼마나 갖추고 있는지, 어떤 유형의 인물이고 과연 어디까지 발전할 것인지를 명확하게 파악한다.

상사는 일에서 성과를 낼 생각은 하지 않고 자기에게 아첨하면서 어떻게든 연줄을 만들려고 애쓰는 직원을 좋아하지 않는다. 대신 적극적이면서 진취적인 자세로 부족한 점을 스스로 깨닫거나 모르는 부분에선 질문하며 배워가는 인재를 원한다. 더불어 미래를 생각해 중요한 업무를 짊어질 역량을 키우고, 향후 핵심적인 자리로 옮길 마인드 세팅이 되어 있는 이들이라면 두 팔 벌려 환영한다.

상사는 이런 직원을 특별히 점찍어 지켜보게 된다. 그의 성장을 뒤에서 돕고 핵심인재로 키우게 된다. 승진의 상위 리스트에 올라 있으며 주기적으로 면담하면서 어려운 일이라도 겪게 되면 나서서 조언해준다.

상사는 항상 옳은 결정을 내리는가? 물론 상사 또한 잘못된 결정을 내릴 수 있다. 사람이기에 실수할 수 있다. 그럼에도 상사는 옳다고 생각해야 한다. 상사의 권위를 인정해야 한다. 상사를 상대할 때는 항상 평온을 유지해야 한다. 상사에게 호감을 살 수 있어야 하기 때문이다.

자신이 실수했음을 아는 순간 조용히 실수를 인정해야 한다. 상사에게 안정된 인상을 주도록 말투와 목소리에도 신경 써야 한다. 어쩌다 순간적으로 상사의 언행에 화가 나더라도 절대로 내색해선 안 된다. 화를 밖으로 나타내는 순간 상사는 당신을 볼 때 '어라? 내 권위에 도전해?' 혹은 '감정 컨트롤이 미약한 친구이구만' 하고 인식해버리기 때문이다.

거듭 말하지만 실수했을 때는 감추려 하지 말고 상사에게 솔직히 털어놓자. 앞서 말했듯 상사는 솔직하고 성실한 부하 직원을 좋아한다. 실수를 솔직하게 인정하고 개선하기 위해 노력하는 것도 상사의 눈에는 능력으로 간주된다.

자, 이제 더 이상 직장에서 실수 때문에 스트레스 받지 말자. 스트레스를 받는다고 실수가 해결되거나 상황이 나아지지 않는다. 먼저 실수에 대한 시각을 바꾸고, 실수를 반복하지 않도록 노력하자.

다음의 말을 기억하라.

'어제와 같은 실수를 되풀이하지 않도록 매순간 정신을 똑바로 차리자. 실수는 솔직히 인정하고, 상사에게 조언을 구하고 도움을 청하라.'

이것이 핵심인재로 가는 길이다.

*

07
진행하는 업무에 대해
중간보고를 잘한다

20세기 전문가의 실력은 그가 가진 전문성과 비례했다. 그러나 이제 21세기 전문가의 능력은 이렇게 표현된다.

'전문가의 능력=그가 가진 전문성×커뮤니케이션 능력'

미국의 경영학자 피터 드러커는 커뮤니케이션을 두고 이렇게 말했다.

"대학에서는 장래의 회사원을 위해 아주 가치 있는 한 가지를 가르치고 있는데, 극소수의 학생들만이 그것을 열심히 배우고 있다. 그것은 다름 아닌 '아이디어나 의견을 표현하는 능력'이다. 당신의 생각을 말이나 글로 전달하는 능력의 중요성은 조직에서 지위가 올라갈수록 더욱 높아진다. 속한 조직이 클수록 표현력의 중요성도 더 많이 요구된다."

*

요즘 IT 기술을 기반으로 하는 사업뿐만 아니라, 일반 기업에서 조차도 개인 간, 조직 간 커뮤니케이션이 중요하다는 사실은 누구나 잘 알고 있다. 그래서 매 순간 더 나은 커뮤니케이션 스킬, 커뮤니케이션 디자인, 커뮤니케이션 툴을 개발하고 습득하기 위해 노력하고 있다.

국내 굴지의 한 통신 기업에서는 사내 커뮤니케이션 혁신을 위해 'S. O. S 운동'을 시작했다는 기사를 보았다. S. O. S 운동이란 보고서의 양을 줄이고(Slim), 온라인으로(On-line), 메시지를 명확하게(Simple) 하자는 보고문화의 혁신 캠페인이다. 끊임없이 격변하는 시대에 신속하고 정확한 의사결정을 하려는 기업의 노력이 엿보인다.

CEO는 '일 잘하는 사람'을 좋아한다. 일 잘하는 사람은 곧 '보고를 잘하는 사람'이라고 해도 과언이 아니다. 오죽하면 내가 입사해 사수에게 일을 배울 때 들은 첫 마디가 "직장에서 성공하려면 보고를 배워라"였을까. 어떤 보고이든지, 보고에는 자신의 사고방식과 생각의 모습이 드러난다. 상사들은 단 한 번만 보고를 들어도 그 사람의 업무 능력을 귀신같이 파악해낸다. 왜냐하면 보고에는 판단을 내릴 때 단편적인 사고뿐만 아니라 '3차원 사고', 그러니까 생각의 깊이, 폭, 너비가 필요하기 때문이다.

그래서 담당자는 진행하면서 맡은 업무를 어떻게 중간보고할지 항상 염두에 두고 있어야 한다. 그러기 위해서는 어떤 사례와 업무를 만나든지 판단을 내리기 위한 '생각의 원칙'과 '생각의 틀'을 갖

*

추고 있어야 한다.

사실, 다양한 경험을 해본 사람이 '생각의 원칙'과 '생각의 틀'을 갖고 있으며 보고 또한 잘한다. 여러 일을 겪으면서 터득한 '나름의 방법'이 있기 때문이다. 이 '나름의 방법'이 전문성이고 능력이다.

직장에서 성공하고 싶다면 보고하는 방법을 배워라. 직접 경험하기에 시간이 짧거나, 경험할 수 있는 양 또는 종류가 많지 않다면, 그래서 일을 풀어가는 방법을 모른다면, 상사와 상의해야 한다. 상사와 상의하는 과정이 곧 보고이고, 보고의 참맛은 중간보고에 있다.

나는 회사의 다양한 중간관리자들과 업무 또는 인간관계에 대해 생각을 나눠왔다. 그들에게 어려운 점을 물어보면, 하나같이 함께 일하는 부하 직원들에 대해 이야기한다. 이 중에는 상사에게 보람을 함께 느끼게 해주는 직원도 있지만, 상사를 힘들게 하는 직원도 있다. 상사를 힘들게 만드는 대표적인 경우가 일할 때 중간보고를 하지 않는 것이다.

한 예로 차량 부품을 제조하는 S 기업 기획팀 K 차장은 입을 열자마자 이렇게 말했다.

"제가 제 밑의 H 대리에게 생산라인의 불량품 비율을 파악하는 일을 맡겼는데, 마감일까지 중간보고를 하지 않는 겁니다. 참고 참다가 결국 마감일이 되어서야 결과를 물었습니다. 그랬더니 '문제가 있어서 못했습니다' 하는 겁니다. 왜 미리 이야기하지 않았느냐고 물었더니 '그래도 기한 내에 하려고 어떻게든 노력했었습니다'

*

라고 대답하더군요. 정말 속이 터졌죠."

일을 하다 보면, 좋은 일도 있고 나쁜 일도 있다. 보통 좋은 일을 보고할 때는 보고의 타이밍이 좀 늦어도 괜찮다. 그러나 나쁜 일은 알게 된 즉시 보고해야 한다. 나쁜 일이 일어났다고 해서 보고를 차일피일 미루며 걱정하는 동안, 회사가 입는 피해 손실 규모는 점점 커지기 때문이다.

부하 직원이 중간보고를 하지 않거나 뒤늦게 보고하는 이유는 두 가지다.

첫째, 정말 중요한 보고임에도 몸으로 중요한 줄을 못 느끼기 때문이다. 소심한 성격 탓에 중간보고를 하지 않는 사람이 있다. 설상가상으로 이런 직원은 모르는 사항이 있어도 자신이 먼저 물어보지 않는다. 이런 유형의 사람에게 일을 줄 때는 꼭 중간보고를 하도록 방침을 내려줘야 한다.

둘째, 중간보고를 해야 한다는 사실은 알고 있지만, 언제 어떻게 무엇을 보고해야 할지 그 방법을 모르는 경우다. 보고하는 방법은 학교에서 체계적으로 가르쳐주지 않는다. 나도 그렇고 당신도 제대로 배우지 못했다. 그래서 나는 후배 사원에게 심각하게 이야기한다.

"직장에서 보고하는 방법을 배워라. 그래야 회사생활도 즐겁게 잘할 수 있다."

중간보고이든 최종보고이든 보고에는 사건에 대해 생각하는 힘, 창의적 문제 해결 능력, 정보 분석력, 상황 판단력이 모두 들어

*

간다. 그래서 보고 스타일에 정답이란 없다. 항상 변화무쌍하며, 최종결재권자 또는 상급자의 업무 처리 스타일에 좌우된다. 왜냐하면 상사가 나의 고객이고, 결국 그가 좋아하는 스타일에 맞추는 것이 중요하기 때문이다.

그래서 상사에게 관심을 가지고, 스스로 물어야 한다.

'보고를 받는 사람은 누구인가? 특징은? 원하는 것은? 이 일을 왜 지시했는가? 사안에 대해 어디까지 아는가? 보고서에 무슨 결론을 내릴까? 요즘 심적으로 어떤가?'

이렇게 보고 자료를 만들거나 상사의 방문을 노크하기 전에 끊임없이 자문하는 게 좋다. 즉, 보고 상대를 분석해야 하고, 그에 맞는 치열한 자료 준비가 필요하다. 보고를 잘하는 고수들은 항상 '안성맞춤형' 보고를 한다. 그러니 하수와 질적으로 차이가 날뿐더러 이미 보고 준비 단계에서 승부가 나 있는 것이다.

마지막으로 '어떤 방식의 보고를 진행할 것인가?'를 생각해야 한다. 처음에는 요점을 한마디로 말하는 연습을 하면 좋다. 핵심을 제대로 말하기 위해서는 일의 시작과 끝이 일목요연하게 머릿속에 정리되어 있어야 한다. 자기 머릿속에 요점이 간결하게 정리되어 있어야 정갈한 표현이 나온다.

중간보고의 모범 사례를 한번 보자. 상사가 어제 저녁 6:30(퇴근 직전)에 금년도 매출액 추정치를 조사하도록 지시한 업무가 있었다. M 과장은 다음 날 오전 갑자기 복도에서 P 상무와 마주쳤다. 기한은 다음 날 오전이지만, 현재까지 파악된 데이터를 토대로 이렇게

*

말했다.

"상무님, 어제 지시하신 매출액 추정 건입니다. 금년 말 당사의 매출액은 1조 2천억 원으로 추정됩니다. 그러나 연말 이벤트 행사 매출액에 따라 5퍼센트 정도 증감이 있을 것으로 예상됩니다. 이에 대한 상세 자료는 오후 한 시에 상무님 방에서 말씀드리겠습니다."

급한 사안에 대해서는 이처럼 얼마든지 구두로 중간보고가 가능하다. P 상무는 금방 얼굴에 화색이 돈다.

"아, 그런가? 바쁠 텐데 빨리 준비했구먼."

그러면 M 과장은 "네. 혹시 제가 더 준비할 자료가 있을까요?" 하고 묻는다.

"그래, 우리 경쟁사인 T사의 3분기까지 누계 매출 관련 자료도 좀 가져오게" 하며 피드백을 요구할 때는 "아, 그 건은 아직 완료하지 못했습니다. 아직 몇 가지 자료 조사가 더 필요해서요. 그럼 그 자료도 같이 한 시까지 정리해서 보고를 드려도 될까요?"라고 팩트만 확실하게 전달한다.

M 과장은 아주 잘했다. 설사 자료가 조금 부족해도 자신감 있고 확실하게 전달하면, 상사는 '음, 열심히 조사하고 있군' 하며 마음을 놓을 수 있다. 이 정도면 상사의 입장을 알고 마음을 이해하는 훌륭한 부하 직원이라고 할 수 있다.

이때 상사들은 부하 직원의 보고를 듣고 또는 준비한 자료를 보고, 부하 직원의 능력을 가늠한다. 보고하는 직원은 부지불식간에 상사로부터 단어의 선택, 문장의 배열, 논리의 흐름뿐만 아니라 의사 전달 능력까지 평가받는다. '의사결정을 어떻게 하는가?'는 그 다음의 문제다.

직장에서 업무의 질을 높이고 싶다면 보고의 달인이 되어야 한다. 유능한 직원은 중간보고를 철저히 한다. 혹시 모르는 것은 동료, 부하 직원들과 상의한다. 상사에게 자신의 일 처리 계획을 이야기해 점검받고 최적의 솔루션과 실행 방안을 찾기 위해 노력한다.

이 모든 과정에서 커뮤니케이션 능력이 절실히 필요하며, 중간보고는 꼭 필요한 과정 중 하나다. 그러므로 보고서를 작성하고 실제 보고할 때는 나의 모든 역량과 실제 업무 능력을 100퍼센트 쏟아 부어야 한다. 그래야 성과를 내고, 직장에서의 삶의 질이 높아지며, 상사를 만족시키고, 궁극적으로 성공할 수 있다.

당신이 전자 회사의 해외법인에서 지사관리를 하든, 국내 생산 현장에서 생산공정을 관리하든, 재경부서 파트에서 회계사로 근무하든 상사에게 하는 보고의 책무는 피할 수 없다. 중간관리자가 되고 위로 올라갈수록 중간보고의 중요성은 더욱 커진다.

한 제지 회사의 중역은 자신의 보고 노하우에 대해 이렇게 말했다.

"나는 CEO 보고 전에, 직원이 만들어온 보고서를 절대 그냥 통과시키지 않습니다. 보완할 점이나 고칠 점을 반드시 찾아내 훌륭한 보고서로 바꿔 오라고 합니다. 혹시 시간이 촉박하면 나 스스로 필요한 내용으로 바꿔서 올립니다. 나는 이것이 오늘의 내 위치를 만들었다고 생각합니다."

그렇다. 조직에서 높은 직급으로 올라갈수록 커뮤니케이션 능력이 필요하고, 제대로 일한 후 멋지게 보고할수록 향후 자신이 회사를 위해 할 일이 많아지게 된다. 이때부터 위로 올라가는 다양한 기회를 잡을 수 있다.

상사에게 보고하는 데 어려움을 겪는 이들에게 한마디 조언을 할까 한다. 말하기 전에 충분히 생각해야 한다. 그리고 천천히 그 생각을 정리하는 훈련을 해야 한다. 결정을 내리고 나면 그다음은 즉각적인 실행이다. 방향이 정해지면 원점으로 돌아오는 데만도 시간이 걸린다. 그러므로 일을 할 때는 먼저 깊이 생각하고, 생각이 서면 타인에게 나를 명확하게 표현하는 커뮤니케이션 능력을 거듭 반복해서 개발해 나아가야 한다.

＊

Part 4

회사에서
살아남는
생존술 아홉 가지

01
성과는
배신하지 않는다

'소문난 잔치에 먹을 것이 없다'라는 속담이 있다. 떠들썩한 소문이나 큰 기대와는 달리 전혀 실속이 없거나 소문이 실제와 일치하지 않는다는 의미다. 한자성어 중에도 실제는 별것도 없으면서 공연히 큰소리친다는 뜻의 '허장성세(虛張聲勢)'가 있다.

무림의 고수들은 소리 없이 강하다. 하수들은 헛되이 목소리만 높이며 허세를 부리지만 형편없는 무공 수준은 금방 들통 나게 마련이다.

회사에서도 마찬가지다. 성과 없는 인재일수록 소란만 일으킬 뿐이다. 결과적으로는 속빈 강정과 같은 경우가 많다. 실속 없이 애만 쓴다는 말이다. 그러나 '성과 제조기'라고 불리는 회사 내 핵심인재들은 차분히 일을 처리하면서도 충분히 실속 있는 성과를

*

낸다.

왜 모든 조직 구성원이 좋은 성과 내기를 그토록 갈망할까? 성과는 개인 능력을 평가하는 가장 중요한 기준이고, 승진 여부를 가르는 제일의 잣대이며, 회사의 존폐를 결정짓는 중요한 요소이기 때문이다. 중요한 '성과'를 내기 위해 주의할 점은 세 가지다.

첫째, 핵심에 집중하라. 바쁘다고 성과가 오르는 것은 아니다.

이 간단한 사실은 세 살 먹은 어린아이라도 알 만한 것이다. 그러나 자신이 영리하다고 믿는 많은 어른이 어느 순간부터 블랙홀 같은 '바쁜 일과'에 빠져버린 채 이를 간과한다. 사실, 분주한 사람일수록 이 함정에 빠지기 쉽다.

그런데 어느 조직이든지 바쁘게 일한다는 사실만으로 충실감을 맛보는 사람들이 참 많다. 그러나 아무리 바쁘더라도 결과적으로 성과에 변화가 없다면 아무런 의미가 없다.

핵심에 집중하려면 먼저 불필요한 일을 제거하고 중요한 일에 몰입해야 한다. 조각가가 조각을 해나가듯이 우선 업무의 군더더기를 제거해야 한다. 『굿보스 배드보스』를 저술한 스탠퍼드대학교 공과대학 경영과학 교수 로버트 서튼은 좋은 리더와 나쁜 리더를 이렇게 나누었다.

"제가 가진 좋은 리더의 기준은 간단합니다. '직원들이 일을 못하게 만드는 사람'은 나쁜 리더인 반면, '부하들이 제대로 일할 수 있게 해주는 사람'은 훌륭한 리더입니다."

＊

서튼 박사는 구성원들이 자율적이고 창의적으로 제대로 일할 수 있도록 만들려면 회의나 잡무를 줄이는 것부터 시작해야 한다고 말했다. 지금은 컴퓨터와 IT 기술 때문에 잡무가 많이 줄어든 편이다. 그러나 아직도 조직 내에는 누군가 할 수밖에 없지만 성과에는 직결되지 않는 업무들이 분명 존재한다. 성과를 내려면 쓸데없는 잡일을 줄여야 한다. 조직 구성원들이 그런 일에 매달리고 있다면 그 조직에서 자율과 창의는 먼 나라 이야기가 된다.

　　'일하는 방식의 변화'를 외치며 정해진 업무 시간에 핵심 업무에 몰입하는 것도 좋다. 예를 들어, 오전 아홉 시에서 열한 시를 집중 근무 시간으로 두어 회의나 다른 업무들에 방해받지 않고 그날 해결해야 할 업무들에 몰입하는 것이다.

*

그리고 최전선에 서 있는 업무 당사자는 급한 업무와 중요한 업무를 구분할 줄 알아야 한다. 이때 시간을 중요도와 긴급도에 따라 나눈 '시간사분면'을 이용해 일의 우선순위를 정해놓는 기법도 업무 생산성 향상에 도움이 될 수 있다. 그러나 무엇보다 직원 스스로 자신이 하는 일이 가치 있고 그런 일들을 통해 성장한다는 마인드를 갖는 게 자율과 창의를 불러일으키는 데 가장 중요하다.

우수한 성과를 내는 직원들은 자기 돌아보기 시간을 충분히 갖는다. 프로젝트 진행 도중이나 하루 일과 중 스스로를 살필 수 있는 20분 정도 시간이면 족하다. 아무리 바쁘더라도 반드시 방향을 점검하고 생각하는 시간을 갖도록 하자.

업무 중간중간 티타임을 갖는 것도 좋다. 피아니스트가 연주 전에 건반을 조율하듯이, 궁수가 과녁을 향해 조준을 점검하듯이 해야 한다. 과연 내가 지금 하는 업무와 행동이 당초 선정한 목표에 초점이 맞춰져 있는지 정기적으로 살펴 바로잡아야 한다.

혹자는 이런 '자기성찰 과정' 때문에 일의 흐름이 끊긴다고 생각할지 모르지만, 분주함 때문에 자기 자신을 잃어버리고 나면 끝엔 정말 아무것도 남지 않는다. 이렇게 틈틈이 자신을 점검하는 편이 결과적으로 시간 낭비를 막는 데 효과적이다. 일을 시작하고 상당한 시간이 흐른 다음에 열심히 온 길이 잘못된 길이었음을 깨닫는다 해도, 유턴해서 원래 위치로 돌아가는 데만도 지금까지 온 거리의 두 배는 가야 하기 때문이다.

*

둘째, 자신의 적성에 맞는 일을 찾아서 스스로 한다.

성과를 내는 사람은 자신의 적성에 맞지 않는 일을 남이 시킨다고 무작정 하지는 않는다. 『행복할 때 살피고 실패할 때 꿈꿔라』의 저자 오종환은 성과를 내는 창조적 인재에 대해 이렇게 소개하고 있다.

정보화 사회, 창조화 사회 등 지금 이 시대를 통칭하는 말이 많지만, 그중 골드칼라(Gold Color) 시대라는 표현이 있다. 이는 블루칼라 맨(Blue Color Man), 화이트칼라 맨(White Color Man)이 아닌 골드칼라 맨이 되어야 함을 강조하고 있다. 골드칼라 맨이란 한마디로 적성 분야에서 자발적 열정과 창의력으로 높은 성과를 내는 창조적 인재를 말한다. 골드칼라 맨은 이렇게 일한다. 자신의 적성에 꼭 맞는 분야에서 일하며, 일을 즐기는 동시에 자발적으로 한다.

때로는 탁월한 리더가 기업을 성공으로 이끌기도 한다. 애플의 스티브 잡스는 자신의 천재성을 기반으로 아이팟, 아이폰, 아이패드 삼형제를 통해 우리의 삶을 통째로 바꾸어놓았다. 잭 웰치는 20년 동안 CEO로 일하면서 GE를 세계 최정상의 기업으로 키웠다. 하지만 이러한 성공이 한순간으로 그치지 않고 지속적 성장으로 연결되기 위해서는 반드시 창의성과 자율성을 겸비한 구성원들의 힘이 더해져야만 한다.

*

구글이나 일본전산처럼 우리에게 잘 알려진 혁신 기업들을 보더라도 탁월한 리더뿐만 아니라 구성원들의 자발적인 노력과 창의적인 성과가 있었기에 세상의 주목을 받을 수 있었다. 누구든지 자신에게 맞는 일을 만나고, 그 일을 스스로 해야 성과가 나온다.

셋째, 분명한 목표를 갖고 일한다.

지혜로운 사람은 절대 성과에 대한 뚜렷한 목표 없이 일을 시작하지 않는다.

『성공하는 사람들의 7가지 습관』의 저자 스티븐 코비는 일을 시작할 때 목표를 의식해야 함을 누차 강조했다.

아무리 부지런히 움직이고 능률적으로 일해도 시작할 때부터 목표를 의식하지 않으면 제대로 효과를 볼 수 없다.

그렇다. 인생이든 업무이든 먼저 확고한 목표를 정하고 시작해야 한다. '니가 진짜로 원하는 게 뭐야?'라는 제목의 노래가 있다. 가수 신해철 4집에 수록된 곡을 훗날 크래쉬가 리메이크했는데, 노래를 들어보면 '니가 진짜로 원하는 게 뭐야?'라는 가사가 강하게 반복한다. 듣다 보면 "도대체 네 목표가 뭐야?"라는 질문을 집요하게 받는 느낌이 든다. 확실히 성과를 내려면 먼저 내가 무엇을 원하는지 알아야 한다. 스스로 어디로 갈지 방향을 정해야 한다.

"목적과 거기에 도달하는 계획이 없으면 당신은 목적지 없이 항

*

해에 나선 배와 같다."

심리학자 피츠휴 닷슨의 말이다. 목표가 분명해야 성과가 나온다. 목표를 정할 때 한 가지 주의해야 할 점은 개인의 목표를 자신이 속한 조직의 목표와 일치시켜야 한다는 것이다. 이때야 비로소 제대로 된 성과를 낼 수 있으며, 두 목표가 따로 놀 때보다 시너지 효과가 크다. 사람도 동물도 머리가 하나이듯이, 역시 일을 할 때는 시간과 에너지를 한 방향에 집중해야 성과가 나온다. 팀의 목표와 나의 목표를 일치시키면, 마치 네 바퀴를 얼라인먼트한 스포츠카처럼 경기에 집중하기가 한결 수월하다. 그래서 김세준, 홍자윤은 그들의 공동 저서『슈퍼 신입사원』에서 핵심인력이 성과를 내는 비결에 대해 이렇게 말했다.

자신을 소중하게 생각하는 사람은 업무를 통해 최고의 성과를 내고자 노력하게 된다. 조직과 개인의 목표가 일치되어 있기 때문에 업무에서 성과를 내는 것과 자신이 성장하는 것을 동일하게 생각하게 된다. 두 가치가 일치되어 있지 않으면 업무에서 성과를 내도 스스로에게는 큰 의미가 되지 못한다.

조직에서 큰 성과를 내고 싶은가? 그렇다면 먼저 자신의 조직 목표에 나의 업무 목표를 일치시키자. 그리고 눈앞의 작은 목표부터 실행해보자. 등반할 때 에베레스트나 동네 뒷동산이나 한 걸음씩 걷기는 매한가지다. 우선은 작은 것이라도 좋다. 목표를 세분화

*

하고, 오늘 달성 가능한 것들을 작은 목표로 나눠보자.

물론 최종 목표 지점에 도달하기 위해서는 끝없는 인내와 지속적인 반복이 필요하다. 그러나 나중에 이런 힘을 조절하기 위해서라도 작은 성공 습관을 들여야 한다. 성공 습관은 자신감을 높인다. 빵 반죽할 때 넣는 베이킹파우더처럼 우리의 꿈과 기대를 부풀려 최종 성과를 기필코 달성하게 한다.

일을 했으면 성과를 내야 한다. 먼저 자신의 일에서 성과를 내기 위한 핵심이 무엇인지 파악하고 거기에 집중하자. 또한 자신의 적성과 재능으로 잘할 수 있는 일을 찾고 스스로 일해보자. 그러면 일하는 재미와 성취감을 동시에 느낄 수 있을 것이다.

＊

02

상사 앞에서
꿀 먹은 벙어리가 되지 말라

요즘 감정노동자에 대한 사회적 관심이 높아지고 있다. 주위에서 접할 수 있는 감정노동자로는 병원, 백화점, 은행, 콜센터 등에서 근무하는 사람들, 또는 승무원 등이 있다. 이들은 자신의 의지와 상관없이 불특정 다수에게 항시 예의 바르고 친절한 태도를 유지해야 한다. 감정노동을 엄밀히 정의하면 '업무상 요구되는 특정한 감정 상태를 연출하거나 유지하기 위해 행하는 일체의 감정관리 활동'이라고 할 수 있다. 감정이 직무의 40퍼센트 이상을 차지하는 노동 유형이다.

그런데 또 엄밀히 따지자면 날마다 특정인, 즉 상사와 부하 직원을 대하는 직장인들 역시 감정노동자라고 할 수 있다. 매일 아침부터 저녁까지 자신이 맡은 일을 완벽하게 처리하는 것은 물론이고,

*

더 나아가 고객과 사장의 눈치를 모두 봐야 한다. 그러면서도 대부분 자신의 감정과 의견을 쉽게 드러내지 못한다.

라면 생산 공장의 관리자로 근무하는 입사 5년차 김 대리가 있다. 그동안 회사에서 좋은 평가를 받아왔는데, 요즘 팀에 새로 온 부장 때문에 그는 고민이 많다.

"저희 부장님은 업무에 직접 연관이 없는 세세한 일까지도 완벽주의를 내세웁니다. 업무상 대화를 해도 한 시간 넘게 혼자 말씀하십니다. 바빠서 요점만 말씀해달라고 부탁하면 상사가 말하는데 끼어든다고 심하게 나무라시고……. 저는 열심히 일하고 있는데 자꾸 결과를 보채기 일쑤입니다. 이제 저도 지쳐서 되도록 마주치지 않으려 하지만 계속 그럴 수도 없는 노릇이고, 부장님 눈치를 보느라 요즘 업무가 제대로 되지 않아요. 어디다 대고 속 시원히 하소연할 수도 없는 처지라 너무 힘듭니다."

김 대리는 부장에게 객관적인 사실을 말해도 받아들여지지 않는다는 고민을 토로했다. 사실, 기업마다 이런 상황이 부지기수다. 부하 직원도 자기가 알고 있는 사실을 상사에게 보고해야 하지만, 상대가 어떤 반응을 보일지 몰라 점점 꿀 먹은 벙어리가 되어간다. 아직 서로 간에 두터운 신뢰관계가 형성되지 않은 경우엔 더욱 그렇다. 이것이 조직 상하 간 의사소통이 안 되는 가장 큰 이유 중 하나다.

대개 일선 직원들은 중요한 정보를 가장 먼저 접한다. 이 정보는 의사결정자에게 전달되어야 한다. 그런데 윗선에 있는 상사나 리더

*

는 정작 그 정보에 대해 차단된 상태다. 불통의 벽이 가로막고 있는 것이다. 정보를 가장 먼저 알아야 할 상사가 오히려 때늦은 정보를 듣는다면? 이런 회사는 풍전등화와 같다. 보통 기업은 상사가 최종 의사결정을 하는데, 정보가 위로 올라갈 길이 없기 때문이다. '소통 부재'라는 작은 불씨가 온 숲을 다 태우는 결과를 가져온다.

한때 애플 CEO로 일했던 알베트 시멜리오는 상사의 커뮤니케이션 능력의 중요성에 대해 이렇게 말했다.

"리더는 자신의 생각과 아이디어가 다른 사람에게 긴박감과 함께 열정을 줄 수 있도록 해야 해요. 만일 리더가 메시지를 분명히 전달하여 동기를 주지 못한다면 메시지를 갖고 있다는 것은 아무런 소용이 없는 거예요."

리더가 되기 위해선 커뮤니케이션을 잘해야 한다는 말이다. 그렇다면 임원이 되고 CEO가 되기만 한다면 저절로 그런 뛰어난 능력이 생겨나는가? 아니다. 꾸준히 노력해야 하고 사회 초년생, 즉 입사 시절부터 갈고닦아야 한다.

회사에서 소통이 되지 않으면 누가 가장 큰 손해를 볼까? 제일 갑갑한 사람은 상사가 아니라 오히려 아랫사람이다. 상사는 경영자와 가깝고, 지시를 하달하며, 전략과 사내 정보를 꿰고 있기 때문에 당장 일 처리에 어려움을 못 느낀다. 그래서 회사는 상사에게 일을 위임하면 웬만한 문제가 손쉽게 해결된다. 아랫사람이 처리하는 문제의 열쇠 대부분은 상사가 쥐고 있는 셈이다.

그렇다면 방법은 하나뿐이다. 지금 당장 상사와 소통하기 위해 노력해야 한다. 상사와 소통에 문제가 있다면 이를 해결하기 위해 애써야 한다. 한시라도 빨리 상사가 인정할 수 있는 소통 기술을 익혀야 한다. 직장인 상담 전문가로 『자기중심의 인생경영』을 저술한 정연식 저자 역시 상사 앞이라도 당당히 자신의 의견을 말할 수 있어야 한다고 강조한다.

> 상사와 통(通)하면 일(Job)이 생긴다. 남녀 간의 만남에서도 대화가 중요하듯, 일과의 만남을 기대한다면 상사와의 커뮤니케이션에 능해야 한다. 그러므로 상사 앞에서 벙어리가 되지 말아야 한다. 나는 내성적이고 조용한 스타일이야, 라는 핑계를 대는 일을 그치고, 필요한 경우에는 상사 앞에서 당당한 자기주장을 할 수 있어야 한다.

『잘되는 회사는 따로 있다』를 저술한 경영 컨설턴트 김경준은 잘되는 회사의 소통 특징에 대해 이렇게 이야기한다.

> 잘되는 회사에는 아닌 건 아니라고 말할 수 있는 부하가 많다. 반면, 안 되는 회사는 까라면 까는 부하가 오히려 상사에게 인정받는다.

마치 무생물체처럼 보이지만, 회사라는 조직은 살아 있다. 그 구성이 기본적으로는 인간 집단이므로 당연히 구성원들의 감정이 어

*

떠한가가 중요한 문제가 된다. 그래서 지금까지는 인재 선발 시 지성, 즉 지능지수(IQ)와 관련이 깊은 기술적·인지적 능력을 중요시해왔다. 하지만 최근에는 직원의 감성, 즉 감성지능(EQ)을 인재 양성 목표와 리더십의 핵심으로 다루기 시작했다.

회사는 여러 사람이 모여서 성과를 내는 조직이기에 각기 의견이 달라 충돌이 일어날 수밖에 없다. 이때 상대방이 자신의 '논리나 생각'보다 자신의 '감정과 기분'을 무시했다고 느낄 때 불쾌감은 더 커진다. 따라서 좋은 상사나 부하 직원이 되기 위해서는 상대를 논리적으로 설득할 뿐만 아니라, 감정적으로도 승복시킬 수 있어야 한다. 그래야 힘을 모아 한 방향으로 일을 추진할 수 있다.

명동에 위치한 H 증권은 올 가을 사무실 이전을 앞두고 있다. 이전 장소를 두고 재무 본부 임원 K와 총무부 임원 Y는 강남과 여의도를 두고서 서로 설전을 벌였다. 끝내 CEO는 여의도로 가기로 결정했으나 K는 감정적으로 승복하지 못하고 이렇게 말했다.

"그래요, 맞습니다. 여의도라는 지리적 특성과 금융 회사로 상징적 의미를 따지자면 Y 상무님 의견이 옳습니다. 하지만 저는 여전히 제 의견이 묵살된 것 같아 기분이 좋지 않습니다. 왜 회의 때마다 제 입장은 무시하고, 이해하려고 시도조차 하지 않으시는 건지 모르겠어요."

창의와 융합을 강조하는 21세기 상황에서도 일부 기업이나 업계는 군대처럼 상사관계가 명확하다. 게다가 자유로운 사고를 강조하는 연예계, 학계, 예술계에서조차도 엄격한 위계질서가 존재한다. 특히 우리나라에서는 직장, 고향, 학교 선배들의 위세에 눌려 그 앞에서 꿀 먹은 벙어리가 되는 경우가 많다. 절대 그래선 안 된다. 권위를 가진 사람이 비록 상사라고 해도 입술이 들러붙어선 안 된다. 승진의 기회와 자신의 능력을 키울 기회 등 온갖 좋은 기회는 모두 상사가 가지고 있다. 때문에 언제라도 필요할 때는 자신의 의견을 명쾌하게 이야기할 수 있어야 한다. 단, 공손하고 절차에 맞게 의견을 개진하되 두서없이 마구 내뱉지 말아야 한다.

가끔 회의나 미팅에서 꿔다놓은 보릿자루처럼 아무 말도 하지 않는 사람이 있다. 이런 상태는 회사 입장에서 보면 매우 위험한 형국이다. 생존하기 위해, 발전과 번영을 위해 서로 협력해야 하는데 어느 한쪽이 벙어리가 되면 상호 소통이 벽에 막힌 것과 같다. 회사

*

는 혼자서 일을 하는 개인이 단순히 모인 곳이 아니라 각기 다른 재능과 능력을 가진 구성원이 모여 과제를 조직적으로 해결해야 하는 곳이기 때문이다. 인체에 피가 돌지 않으면 혈액순환 장애를 일으키게 된다. 동맥경화는 곧 다양한 질병을 유발한다. 회사 역시 조직원들 간에 의사소통이 되지 않는다면 동맥경화 현상에 시달린다.

그렇다면 이러한 불통(不通)관계를 변화시키고 상황을 반전시키는 해법은 없을까? 있다! 꿀 먹은 벙어리가 되지 말고 상황을 객관적으로 보고하는 것이다. 비록 보고를 듣는 즉시 상사가 "그러는 동안 자네는 도대체 뭘 했나?" 하며 역정을 내더라도 그것은 단순히 문제를 향한 짜증이다. 지금 중요한 포인트는 적극적 소통에서 뽑아낼 문제 해결책이다.

나는 그동안 수많은 직장인을 만나면서 그들이 안고 있는 문제 중 '상사와의 불통 문제'가 가장 심각하다는 점을 알 수 있었다. 상사와의 불통으로 힘들어하는 이들에게 소통을 위해 "먼저 상사의 마음을 정확하게 알아야 한다"고 조언해왔다. 다양한 고전을 통해 현대인들에게 새로운 지혜와 메시지를 주었던 이남훈 저자가 저술한 『통쾌하게 한마디』는 '날마다 스트레스 주는 상사에게' 소통하는 비책을 이렇게 전한다.

상사도 사람이다. 따라서 명철한 논리와 꿀같이 달콤한 설득에만 의존하지 말고, 진심으로 상대를 이해하고, 당신 자신을 이해시키려는 노력이 전제되어야 한다.

*

의사소통의 방법만큼이나 진솔한 태도와 내용이 중요하다. 이제 좀 솔직하고 진솔하게 소통해보자. 자신의 인생을 단순한 '밥벌이 직장인'으로 전락시키지 않고, 직장에서 자신의 존재감을 분명하게 드러내며, 윗사람들에게 인정받는 사람이 되고 싶다면 이제 상사와의 불통을 소통으로 바꿔야 한다.

*

03

SNS나 블로그를 이용하여
열정을 보여라

우리나라 직장인이 자주 사용하는 말 중 1위가 '스트레스'였다는 것을 아는가? 대부분 스트레스라는 말을 입에 달고 살 정도다. 스트레스의 가장 큰 원인은 일하면서 내 뜻대로 되지 않기 때문이다. 직장인들에게는 성과를 내는 것이 최고의 목표다. 여기에 네트워크 구축을 위해 노력하며 좋은 인간관계를 맺는 일도 중요하다. 주로 일어나는 문제들도 십중팔구는 업무와 인간관계에서 비롯된다. 내 주위의 동료들도 업무와 인간관계에 대한 스트레스가 없다면 회사생활이 할 만할 거라고 말한다.

나는 스트레스 상황을 해소하기 위해 회식, 명상, 느리게 살며 다소 일을 줄이는 방식도 나름 좋다고 생각한다. 하지만 더 근본적으로 스트레스의 원인이 되는 문제를 해결해야 한다. 공격이 최선

*

의 방어이며, 이 문제를 반드시 풀고야 말겠다는 강한 결심과 열정이 스트레스를 몰아내는 실제적인 해결책이다. 17세기 프랑스의 귀족 출신 작가로, 『철학자의 스크랩북』을 저술한 프랑수아 드 라로슈푸코는 열정에 대해 이렇게 썼다.

열정이 있는 사람의 말은 설득력이 크다. 열정은 언제나 설득력을 발휘하는 웅변가다. 말하자면 열정은 자연스런 기술이며, 열정의 법칙은 오류를 모른다. 더없이 단순하지만 열정이 있는 사람의 설득력이, 언변은 아주 유창한데도 열정이 없는 사람의 설득력보다 훨씬 더 강하다.

우리 직장에서도 무능한 직원이 있는가 하면 동료들에게 인정받는 전문가 수준의 직원이 있다. 두 부류의 차이는 무엇일까? 우선 전문가로 불리려면 자신의 열정을 보여줘야 한다. 『신뢰의 기술』을 저술한 데이비드 마이스터는 이렇게 말했다.

그 사람이 가진 기술적인 역량 때문에 고객에게 훌륭하다(great)는 소리를 듣는 전문가는 극히 드물다. 전문가(professional)의 반대말은 비전문가(unprofessional)가 아니라 기술자(technician)이다. 전문성은 능력이 아니라 대부분 태도에 달려 있다. 진정한 전문가는 열정을 가진 기술자다. 사람들은 당신이 얼마나 열정이 있는지 알기 전에는 당신이 얼마나 아는지에 관심 없다.

*

자신이 갖고 있는 능력과 열정을 사람들이 알게 해야 한다. 스스로를 마케팅해야 하는 것이다. 그래야 사람들이 내게 관심을 가지게 된다. 상사와 동료에게 광고해야 내게 관심을 가지고 나의 지원군이 되어준다. 특히 더 높은 자리에 올라가고자 하는 사람은 열정을 가지고 조직, 일, 목표에 헌신해야 한다.

자신의 열정과 헌신을 어떻게 보여줄 수 있을까? 나는 블로그나 SNS를 활용함으로써 동료들에게 나를 보여줄 수 있다고 생각한다.

블로그를 활용하려면 블로그가 무엇인지 먼저 알아야 한다. '블로그'는 Web(웹)+log(일지)의 합성어로 웹의 b와 log가 결합된 말이다. 인터넷이 발달하기 전에는 기록을 위해 주로 종이를 활용했다. 직장에서도 업무일지나 수첩을 활용했고 스크랩북 혹은 업무 매뉴얼 등 문서철(페이퍼파일)이 그 역할을 했다. 요즘은 SNS나 인터넷 블로그가 그 자리를 대신한다. 블로그나 SNS가 업무에 대한 열정을 보일 수 있는 도구이기도 하다. 그래서 요즘은 많은 사람이 검색 포털의 강자(强者)인 다음, 네이버에 블로그를 개설하거나 SNS에 업무 관련 글을 올리는 경우가 많다.

또한 내가 다니는 회사를 비롯해, 포스코나 한국GM 같은 글로벌기업의 경우 인트라넷 시스템 내에 블로그 서비스가 제공된다. 편리하게 방명록, 댓글, 엮인 글 기능이 있고 인터넷 포털 블로그에서처럼 이웃 맺기, 공감, 추천, 스크랩 기능까지도 완벽하게 구현되어 있다. 매일 수천 명의 방문객이 사내 블로그를 드나들고 있다. 사내 블로그의 가장 큰 목적은 업무 관련 지식 정보를 스크랩하거

*

나 업무 수행을 하다가 발생하는 아이디어 업무 경험들을 저장·공유하는 데 있다. 그렇게 공유된 아이디어는 유사 분야에 관심을 가진 임직원과 소통할 수단으로 활용되기도 한다.

지금은 콘텐츠가 힘인 시대다. 예전엔 방송 신문 등의 매스미디어가 강력한 힘을 가졌었다. 지금은 SNS, 블로그 같은 인터넷 미디어를 통한 개인 글과 사진 등의 콘텐츠가 소중하고 가치 있는 정보로 인정받고 있다. 따라서 요즘은 직장인도 SNS나 블로그를 잘 활용하면 자신의 업무 처리 방식과 생각의 포용성을 힘들이지 않고 널리 알릴 수 있다. 우선 자신의 업무와 관련된 분야의 지식과 정보와 생각들을 정리하는 일은 자신을 알릴 좋은 콘텐츠다.

『몸값 10배 올리는 셀프 브랜딩』을 저술한 김지현은 블로그, 카페 등을 통해 자신을 알릴 것을 권하고 있다.

> 블로그, 카페 등을 통해서 같은 관심을 갖는 사람들과 교육하고 소통하는 것은 업무에 큰 도움이 된다. 특히 업무와 직간접적으로 연관된 카페는 업무 능력 향상에도 실질적인 도움을 준다. 물론, 블로그 등을 통해 내가 가진 기술과 역량 그리고 인사이트를 소개하며 나 자신을 PR하는 것도 커리어관리에 큰 도움을 준다.

나도 업무 능력을 주제로 한 강연이나 세미나에 가면 사내 블로그의 매력과 블로그 활동이 회사생활에서 자신의 긍정적인 '이미지 메이킹'에 얼마나 도움이 되는지 누차 강조해 설명한다. 그러면 청

*

자 대부분은 "오늘 즉시 만들어 써먹어 봐야겠다"며 적극적인 반응을 보인다.

직장생활을 하다 보면 일정한 생활의 틀에 갇혀 다양한 아이디어를 떠올리는 것이 힘들 때가 있다. 특히 매일 보는 사람들과 업무적 대화 외에 색다른 주제나 이슈를 나누기가 쉽지 않다. 그만큼 오프라인만으로는 나눌 수 있는 생각의 폭과 화제의 범위가 한정되어 있음을 알 수 있다.

그러나 블로그를 통하면 오히려 쉽다. 상사와의 통화 후 생각의 단상을 적어놓은 메모, 직원들과의 체육대회 후 소통을 위한 제안사항 등 블로깅할 주제는 많다. 자기계발서 저자로『회사에서 통하는 커뮤니케이션』을 저술한 조세형은 블로그의 효용에 대해 이렇게 설명했다.

사내 블로그는 업무 관련 지식 정보를 스크랩하거나 업무 수행을 하다가 발생하는 아이디어, 업무 경험을 적는 것이 가장 바람직하다. 그러나 필자는 사내 블로그에 올리는 콘텐츠의 콘셉트를 업무와는 한 걸음 떨어진 주제로 정해 고집스럽게 적어나갔다. 일상 공감, 공감 커뮤니케이션으로 유쾌한 소통하기가 필자 블로그의 콘셉트다. 업무와 직접적인 관련은 없지만, 일상다반사를 누구나 공감할 수 있을 법한 이야기로 쉽게 풀어나간다. 물론 일상의 절반이 회사생활이라 그와 관련한 이야기가 많고, 가족 이야기도 많다. 그렇게 일상에서 느낀 것들을 다른 사람들과 공감하고 싶어서 적는

*

글들이 대부분인데, 다행히 많은 임직원이 공감을 해주고, 댓글로 응원해주고 있다.

SNS 등이 직원들의 아이디어와 노하우를 용이하게 활용하도록 도울 뿐만 아니라 회사의 수익 창출에도 기여하는 것으로 나타났다. 구글, IBM, 삼성 등 초일류 기업들은 소셜 미디어를 활용하여 직원들과의 커뮤니케이션을 시도한다. 실제 경영리더 톱 매니지먼트가 참여하여 주도한다.

기업 내에서 CEO나 존경받고 있는 영향력 있는 사람이 주도할 경우 SNS나 소셜 미디어가 더욱 활성화된다. 두산의 박용만 회장이 바로 그 예다. 박 회장은 SNS(트위터)로 젊은 세대와 소통하는 젊은 CEO로, 일반인들한테도 많은 존경을 받고 있다. 아이패드가 신규 출시되자 트위터에 '박용만의 아이패드II 동영상 개봉기'를 올렸으며, '회장님 냉면집에서 5만 원 외상하다'와 같은 소소한 일상도 올린다. 그리고 프로야구 두산 경기 때 일반 관중석에서 응원하면서 '잘하는 선수를 업어주고 싶다'와 같은 글로 응원 팬들과 관전의 기쁨을 나누며 적극 소통한다. 그래서 사내 직원들뿐만 아니라 일반인 '트친(트위터상의 친구)'도 다수 확보하고 있다.

등산을 가보면, 눈이 내린 겨울에도 미끄러지지 않고 올라가기 쉽게 계단이 놓여 있고, 깎아지른 듯한 절벽에도 잡고 오르내릴 수 있도록 밧줄이 설치되어 있다. 길이 없을 것 같은 곳에 신기하게 사

*

람이 지나다닐 정도의 폭으로 길이 나 있다. 앞서 오르내린 사람들이 만들어준 길이다.

직장생활도 마찬가지다. 업무를 하다가 나의 고민과 노하우, 지식을 후배들과 다른 사람에게 알리고 남겨야 한다. 타인의 수고를 덜어주고, 시간을 아낄 수 있도록 배려해주는 멋진 일이다. 그래서 나는 다른 사람의 지식과 체험이 담긴 글을 그냥 눈으로만 읽고 댓글을 달지 않는 것은 '개념 없는 무임승차'라고 생각한다.

도움을 많이 얻거나 아이디어를 얻은 글에는 꼭 댓글을 달아 감사의 마음을 표시하자. 거기서 더 나아가 자신의 업무 노하우와 체험을 담은 자신만의 블로그를 운영해보자. 나만의 고유 콘텐츠는 무엇으로 할 것인지, 다소 개인적인 일인 것 같은데 올려도 되는지 고민될 것이다. 이런 고민과 어려움은 당연하다. 업무에 대한 열정과 열망으로 사뿐히 넘어서면 된다.

이제 오프라인의 성공에 만족해선 안 된다. SNS, 블로그로 영역을 넓혀가야 한다. 그동안 드러내지 못해 혼자만 알고 있었던 업무에 대한 지식이나 열정을 SNS, 블로그 등에 그대로 옮겨보자. 상사와 동료들이 당신을 바라보는 눈길이 달라질 것이다.

*

04

문자, 카카오톡, 이메일로
보고하거나 변명하지 말라

2000년대 초 휴대전화 사용이 보편화되기 시작했을 때, 10대들이 엄지로 문자를 재빠르게 주고받는 모습을 두고 그들을 '엄지족'이라고 불렀다. 10년이 지난 지금은 유치원생부터 노인까지 모두 스마트폰을 사용한다. 그래서 문자 대신 '카카오톡(이하 카톡)'으로 연락을 주고받는다. 모바일 메신저의 강자가 된 카톡은 무료로 문자 메시지를 주고받을 수 있는 모바일 어플리케이션이다.

카톡은 2013년 7월을 기점으로 '지구촌 가입자'가 1억 명을 넘어섰다고 하니 이미 우리 일상생활에 깊숙이 침투해 있는 셈이다. 엘리베이터나 사무실에서 '카톡, 카톡' 하는 메시지 도착 소리가 자주 들리는데, 그 신호음이 내게는 인터넷 모바일 커뮤니케이션 시장이 커가는 소리로 들린다.

*

사람들은 왜 인터넷 모바일 커뮤니케이션을 이토록 습관처럼 사용할까? 당연히 유용하고 편리한 데 비해 투입되는 시간과 비용은 저렴하기 때문이다. 그러나 회사생활에서만큼은 스마트폰은 지혜롭게 사용해야 한다. 스마트폰을 무턱대고 활용한다고 스마트한 방식으로 업무가 진행되는 것은 아니기 때문이다. 일을 진행하는 사람부터 스마트해야 일이 잘되지, 전화기만 스마트하다고 안 풀리던 문제가 절로 잘 풀리지는 않는다.

이제 진정 스마트한 직장 보고문화에 대해 살펴보자.

경영자나 상사는 매순간 의사결정을 내려야 하기 때문에 늘 정보에 목말라한다. 그래서 아랫사람의 시기적절한 보고를 이제나 저제나 기다리고 있는 상태다. 그러나 보통 스마트폰으로 보내는 문자 메시지, 카카오톡 메시지는 모두 '보고'가 아닌 일방적 '통보'의 성격이 짙다. 생생한 정보를 기다리는 상사에게 카카오톡이나 문자로 보고를 해오는 부하 직원은 불성실하다 못해 지혜롭게 일할 생각이 없는 직원으로 오인받을 수 있다.

그동안 직장생활을 하면서 나름 발견한, 상사에게 절대로 보내면 안 되는 문자 메시지(카톡 메시지) 유형을 몇 가지 소개하겠다.

- 출퇴근 관련 사항 : 차가 막혀서 조금 늦을 것 같습니다. 집에 급한 일이 생겨서 일찍 퇴근합니다.
- 돌발 상황 : 갑자기 몸이 아파서 오늘 하루 월차 내겠습니다.
- 중요한 업무 사항 : 경쟁사 로비 때문에 이번 수주에 실패했습

*

니다.

이는 하나같이 프로 정신이 결여된 메시지들이다. 이런 중요한 일은 직접 대면이 어려울 경우 정중하게 전화로 사정을 말하고 앞으로 일어날 예상 상황도 대략 밝히는 것이 바람직하다. 늘 상사의 입장에서 생각해본 후 말하거나 보고하는 습관을 들이자.

『회사어로 말하라』를 저술한 김범준은 직접 구두 보고를 하라고 권한다.

바로 옆에 있는데도 말로 하지 않고 이메일로 보고하는 습관도 문제다. 피치 못할 상황이라 문자 메시지나 이메일로 보고했다면 반드시 적당한 때에 다시 음성어로 말해야 한다. 회사어의 기본 형식은 문자어가 아니라 음성이다.

요즘 신세대 직원 중에는 중요한 내용인데도 짧은 몇 줄 이메일 글로 일방적 통보를 하는 경우가 있다. 그런데 상사가 친히 메일 발송자에게 회신하여 '이렇게 보고하면 내용이 빈약하고 예의 없어 보이니 문자나 카카오톡으로 보고하지 마세요' 하고 친절히 말해주는 경우는 없다. 상사들은 그냥 마음속으로 그저 '생각이 모자란 부하군!', '개념이 없는 직원이군!' 하고 분류할 뿐이다.

보고는 상사와 부하와의 커뮤니케이션 과정이다. 그래서 그 내용도 중요하지만 전달 방법, 즉 보고 수단으로 무엇을 택하느냐가 중요하다. 보고 방법을 택할 때는 상사의 입장과 상황을 고려하여 충분히 생각해본 후 선택해야 한다.

『열정을 경영하라』를 저술한 정통부 전 장관 진대제는 '커뮤니케이션 333법칙'에 대해 이렇게 말했다.

> 커뮤니케이션을 잘하기 위해서는 30초 안에 상대의 관심을 유발하고, 이에 따라 3분의 시간을 더 얻어서 보고하려는 내용을 확실하게 전달해내든가, 아니면 보고받는 사람의 필요에 따라 이후 30분의 시간을 할애받아 충분하게 설명하고 소기의 결정을 얻어내야 한다.

30초 안에 상대의 관심을 유발하기 위해선 내가 하고자 이야기의 핵심을 일목요연하게 꿰고 있어야 한다. 또한 상사의 관심사가 무엇인지도 먼저 파악하고 있어야 한다. 스마트폰으로 문자나 카톡을 보낸다면 사실관계야 전달하겠지만 상사에게 필요한 정보를 섬세하게 보고하는 것은 불가능하다.

평사원에서 중간관리자가 되고 위로 올라갈수록, 조직이 복잡다단할수록, 보고와 소통의 중요성은 더욱 커진다. 그래서 사원보다 과장에게, 과장보다 팀장에게 보고하고 보고받을 일이 점점 많아진다. 그만큼 회사원에게는 시간이 갈수록 보고의 중요성이 커진다는 말이다. 자신이 먼저 소통의 대가가 되어야 아랫사람들을 잘 이끌 수 있다.

*

긴박한 상황일수록, 경영 환경이 어려울수록 상사와 대면하여 나의 생각을 명확히 전달하는 능력이 더욱 중요해진다. 그런데 회사나 상사 입장에서 중차대한 내용들을 문자나 카톡으로 통보하듯 떡하니 보내게 되면 자연 상급자의 눈 밖에 나게 된다. 가끔 무척 중요한 사항인데도 서슴없이 카톡으로 보내는 간 큰 동료를 볼 때마다 가슴이 철렁한다.

상사와 대면할 때는 눈앞에 있기 때문에 부족한 부분은 부연 설명하면 된다. 보고 자료를 준비할 때도 눈으로 보게 할 것인지, 보고서는 간략하게 만들고 내가 직접 설명해서 귀로 듣게 할 것인지는 상사의 스타일에 따라 정하면 된다. 보고서도 좋아하는 유형에 따라 글자 많은 활자형 또는 그림 많은 시각형으로 맞추면 된다. 그러나 문자나 카톡으로 하고 만다면 손가락은 편할지라도 정작 보고

*

받는 상사는 보고한 사람의 정성과 배려를 전혀 느낄 수 없다.

보고 방법이 적절할 때 비로소 보고의 내용과 보고 능력이 더욱 빛을 발한다. 직접 얼굴을 볼 수 없을 경우 전화로 구두 보고하고 추가 자료만 메일로 전달하는 방식을 택해야 한다. 야구 경기도 경기장에 직접 가서 관람할 때, 텔레비전으로 볼 때, 문자중계로 볼 때 각각 그 재미는 천지 차이다. 어떤 보고든지 보고에는 보고하는 사람의 사고방식과 생각의 모습이 드러나며, 상사들은 한 번만 보고를 들어도 그 사람의 업무 능력을 귀신같이 파악해낸다.

상사의 명령을 따르면서 입장을 존중하고 예의를 갖추는 것은 필수다. 위에서 언급한 보고의 룰을 꼭 준수하자. 또한 가끔 상사로부터 주의를 듣거나 꾸지람을 듣는 경우가 있는데, 그럴 때는 순응하며 듣는 것이 매너의 원칙이다.

간혹 구차하게 문자나 카톡으로 자신의 실수를 변명하는 경우를 종종 본다. 이 경우 문자나 이메일로 보고하는 사람과 마찬가지로 책임은커녕 면피만 하려는 것으로 판단되므로 단편적인 사람이라는 평가를 받게 된다.

평판도 좋고 성과를 내는 직원들을 살펴보면 한 가지 공통점이 있다. 그들은 자신이 맡은 일이 잘못되었을 경우, 상황에 대해 설명은 하되, 절대 변명하지 않는다. 대신 꾸짖는 상사의 심정을 정확히 이해하고 실패를 반복하지 않기 위해 상사의 조언을 더욱 귀 기울여 듣는다.

*

직장에서 성공하고 싶다면 각 상황에 맞는 적합한 보고 방법을 배워야 한다. 모든 일을 직접 경험하기엔 우리에게 주어진 시간이 짧다. 업무 환경이 시시각각 긴박하게 변하기 때문에 매번 새로운 상황에 처하게 된다. 그래서 일을 풀어가는 방법을 찾고자 한다면 경험이 풍부하고 시야가 넓은 상사와 반드시 상의해야 한다. 이런 상사와 상의하는 과정이 바로 대면 보고다.

　이메일, 문자 메시지와 비교할 때 구두 보고는 비디오와 오디오가 동시에 실리기 때문에 높은 전달 효과를 나타낸다. 이를 감안하면 사안이 중요할수록 구두 보고나 대면 보고를 통한 생생한 상하 간 소통은 꼭 필요하다. 상사의 별도 요구가 없는 한 이메일, 카톡으로 하는 보고는 피하자. 대신 내용이 풍부한 대면 보고, 섬세하게 상사를 배려하는 직접 구두 보고를 하자.

05
상사나 동료를
험담하지 말라

한 택시 기사가 인천공항에서 외국인 두 명을 태우고 강남으로 가고 있었다. 흑인들이었다. 목적지인 호텔로 가는 도중 택시 기사가 친구의 전화를 받았다. 친구가 "지금 뭐하냐?"고 물었다. 택시 기사는 "응, 지금 연탄 두 장 싣고 가는 중이야"라고 했다.

이윽고 호텔 앞에 도착했다. 요금이 2만 원 나왔는데 승객이 2천 원만 내는 것 아닌가? 기사가 미터를 가리키며 2만 원이라고 했다. 그러자 승객이 정확한 한국말로 이렇게 말했다.

"연탄 한 장에 천 원 아닌가요? 연탄 두 장이면 이천 원 맞지 않습니까?"

상사의 사생활 등 확인되지 않은 모든 것은 섣불리 짐작해서 말해선 안 된다. 『회사어로 말하라』의 저자 김범준은 '조심어'라는 용어를 사용해, 회사에서 말할 때는 조심하라고 조언한다.

조심어는 상대를 배려하는 말을 하라는 의미다. 함께 일하는 상사에게도 그들만의 사생활이 있고 아무리 가까운 관계라도 지켜야 할 선이 있다. 뒷담화, 더 말해서 무엇하랴. 남의 마음에 상처 주는 말을 하지 않는 것이 바로 조심어의 철칙이다.

그동안 나는 상사 험담을 하는 사람치고 승승장구하는 사람 못 봤다. 상사의 평판에 생채기를 내고서 어찌 내가 잘되기를 바랄 수 있겠는가? 실수로 말 한 번 잘못하면 그간 밤새워 야근하고 동료 경조사에 찾아다니며 쌓아놓은 좋은 평판이 한순간 물거품이 된다.

회사는 정말 냉정하다. 회사에서 하는 말은 열 마디 중에 한 번만 잘못해도 당장 매장된다. 말실수에 대한 회사의 규정은 너무나 엄격해서 그동안 훌륭하게 성과를 냈다 하더라도 단 한 번의 실수로 방출될 수 있다.

그러니 잘 알지도 못하면서 재미로 이야기하거나 "당신 혹시 그거 알아?"로 시작해 상사의 사생활을 늘어놓지 말자. 명확히 모르는 일에는 입을 다물고 있는 편이 나은 경우가 세상에는 비일비재하다.

요즘 많은 직장인이 SNS나 블로그로 의사소통을 한다. 이는 쉽고, 간편하고, 재미있는 데다가 업무에 유용한 자료도 얻을 수 있기 때문이다. 하지만 이렇게 유용한 스마트폰, SNS, 인터넷 블로그를

*

이용할 때 한 가지 주의해야 할 점이 있다. 이러한 인터넷 서비스는 자칫 나 개인뿐만 아니라 상사의 일상사, 우리의 사생활을 타인에게 노출하게 만드는 주범이라는 점이다. 간혹 이러한 매체 때문에 전에 잘 꾸려나가던 탄탄대로의 회사생활이 곤경에 처하기도 한다. 특히 메신저는 업무에 유용하지만 상사 험담을 하는 등 잘못 이용하면 각종 부작용을 낳는다.

저녁 시간에 우연히 직장생활을 주제로 한 텔레비전 프로그램을 보게 되었다. 그중 인상 깊은 직장인의 사연이 있었다. K 과장은 요즘 업무 실적 때문에 매일 팀장에게 시달리고 있었다. 평소 절친한 회사 동료와 메신저로 '어휴, 그 인간은 너무 까다롭고 괴팍해서 가까이 가기도 싫어', '저 팀장은 항상 자기만 잘났어' 등의 멘트를 날리면서 상사 욕을 하는데, 그날은 너무나 바쁘고 정신이 없었던 탓에 그만 절친한 동료가 아니라 험담의 타깃인 상사에게 메시지를 보내버리는 실수를 하고 말았다.

그 후 그는 어떻게 되었을까? 굳이 내가 설명하지 않아도 짐작이 될 것이다. 근 3개월가량 상사에게 시달려야 했다. 물론 많은 시간이 지난 지금도 이미지 쇄신은 되지 않았다.

인터넷에서 상사나 회사생활에 대한 불만을 표출할 때 한순간은 짜릿할 수도 있다. 그러나 우연히 글을 읽게 된 상사에게 괘씸죄에 걸려 인사고과에 악영향을 받는다면 그 한순간의 짜릿함이 통한의 족쇄가 될 수 있다. 오늘 블로그나 SNS에 게재한 글은 불특정 다수 누구나 볼 수 있고, 직장의 상사나 동료, 부하 직원에게도 100퍼

*

센트 노출되고 있다는 사실을 잊어서는 안 된다. 소소한 불만이 있더라도 인터넷 블로그나 SNS에 올리는 것은 금물이다. 스스로 무덤을 파는 일이라는 것을 반드시 명심하자.

자신은 동료를 믿고 털어놓은 이야기라 할지라도 그 말은 감기 바이러스보다 더 빠른 속도로 퍼진다. 특히 험담이나 유언비어는 속성상 퍼 나르는 재미가 있기에 칭찬보다 그 퍼지는 속도가 더 빠르다. 이메일, 메신저, SNS 등의 셔틀을 타고 정말 삽시간에 퍼진다. 동료들과의 대화에 적당한 선 긋기가 필요한 이유가 바로 이것이다.

과거 내게 좋은 영향을 많이 준 사수가 나에게 해준 첫 충고가 생각난다. 지금도 그 사수의 말을 곱씹으면서 나름대로 말조심을 하고 있다. 당신 역시 직장 내에서 오가는 험담으로 고생하고 싶지 않다면 이를 절대 귓등으로 흘려들어선 안 된다.

"어느 회사든 동료는 회사라는 조직 안에서 성과를 위해 함께 일하는 사이라는 사실을 잊어선 안 된다. 나는 개인적으로 친한 동료가 가장 위험하다고 생각한다. 동료에게 남을 험담하는 이야기를 흘리는 순간 스스로 직장생활의 끝을 앞당기는 것과 같다. 세상에 비밀은 없는 법! 그가 다른 동료들이나 상사에게 내가 한 험담을 옮기게 된다면 어떤 일이 벌어질까?"

우리는 직장이라는 조직에서 여러 사람과 한데 어울려 생활한다. 그래서 언제 자신이 곤란한 처지에 놓여, 과거 험담하던 동료나 상사의 도움을 필요로 하게 될지 모른다. 어제 '내가 너를 씹었다'

＊

는 사실이 발각되었는데 그 상사나 동료에게 내일 도움을 구할 일이 생긴다면 어떻게 할 것인가? 그들은 오히려 잘됐다며 강 건너 불구경할 것이다.

그렇다면 마음에 들지 않는 상사나 동료를 험담하고 싶을 때는 어떻게 해야 할까? 오랫동안 사랑받고 있는 스타들이나 잘나가는 사업가들의 비결에서 그 답을 찾아볼 수 있다. 그들은 좀처럼 남을 험담하거나 상대를 깎아내리는 말을 하지 않는다. 이것이 그들의 장점이다. 상사를 험담하기보다 상사의 허점을 눈감아주는 것이 바람직하다. 대부분의 상사는 이미 자신의 단점과 허물을 나보다 더 잘 알고 있다. 그들도 나와 같은 인간이기에 잘 고쳐지지 않을 뿐이다.

회사는 긍정적적인 태도를 지닌 직원을 선호한다. 그리고 진취적인 기상으로 열정을 불태워 뛰어난 성과를 내는 직원은 하나같이 긍정적이다. 이런 우수 사원들의 특징 중 한 가지를 꼽는다면, 그것은 남을 비판하거나 험담하지 않는다는 것이다. 오히려 대개 부정적인 마인드를 가진 직원이 남들에 대해 비판을 잘한다. 특히 업무와 관련해서 매일 함께 마주하는 직장 상사를 은근히 비판하는 경우가 많다.

"인간은 사건 자체가 아니라 그 사건을 바라보는 관점 때문에 고통을 당한다."

이는 고대 그리스 스토아학파 철학자 에픽테토스의 말이다. 자주 남을 비판하거나 험담하면 다음 세 가지 면에서 본인이 해를 입는다.

*

첫째, 매사를 부정적인 관점으로 보게 된다.

둘째, 스스로 열정적으로 일할 에너지를 잃게 된다.

셋째, 마침내 자신도 남에게 비판을 받고 험담에 시달리는 운명을 맞게 된다.

인간은 사회생활을 하면서 살아가야 한다. 수많은 사람과 만나고 헤어지고 관계를 맺으며 살아가는 것이다. 이 세상은 절대 혼자서 살아갈 수는 없다. 자신이 이루고자 하는 거의 모든 것은 크든 작든 주위의 도움으로 이루어진다. 따라서 사람들과 더불어 살아가지 못하면 그 어떤 성공도 보장되지 않는다. 따라서 친한 사이일수록 서로 세워주고 칭찬하는 말을 해야 한다.

어떤 경우에도 상사나 동료에 대한 험담은 금물이다. 험담에 대한 화살은 바로 나 자신에게 돌아온다는 사실을 기억하자.

*

06
사내 평판을
관리하라

얼마 전 국내 대기업 계열사의 한 임원이 해외출장 가는 항공기 내에서 승무원에게 폭언을 퍼붓고 라면을 던진 후 폭력을 행사한 사건이 있었다. 이 일은 곧장 미디어를 타고 이슈화되어 언론의 도마에 올랐다. 일이 일파만파로 커지자 당사자는 마지못해 피해자에게 사과했지만 회사로부터 보직 해임을 피할 수 없었다. 물론 이 일로 인해 그가 속한 기업의 이미지에도 적지 않은 악영향을 미쳤다.

어디에서나 평판은 매우 중요하다. 더군다나 일용할 양식을 지급해주는 회사에서의 평판은 아무리 강조해도 지나치지 않는다. 회사는 수많은 이가 모여 같은 비전을 향해 나아가는 조직이기 때문이다. 따라서 회사에서 갈수록 잘나가는 인재가 되기 위한 요소 중하나로, 사내 평판관리 능력을 꼽을 수 있다.

*

회사에서 권고사직이나 구조조정을 당하는 사람들 중 열에 아홉은 사내 평판이 좋지 않다. 조금만 이야기해보면 상사나 동료들과 불화가 잦았다는 것을 알 수 있다. 당연히 모난 돌은 정 맞게 마련이다.

다음은 스페인의 작가 벨타사르 그라시안이모랄레스의 말이다.

"평판은 눈에 보이지 않는 날개를 갖고 있어 생각하지도 못한 곳까지 날아간다. 겉만 번지르르하고 알맹이가 없다는 말을 듣기보다는 신용을 중시하는 사람이라는 평판을 듣도록 노력하라."

사내 평판은 나를 죽이기도, 살리기도 한다. 다음은 사내 평판을 잘 관리해야 하는 이유 세 가지다.

첫째, 갈수록 개인의 브랜드 가치가 중요해지고 있다.

브랜드는 자동차 엔진이나 타이어처럼 눈에 잘 보이지는 않지만, 확실히 존재하는 제품의 아주 중요한 일부분이다. 내 상사와 동료들에게 자신의 성품과 인성이 좋다는 인정을 받아야 자연스레 업무 성과도 인정받을 수 있다. 이는 제품의 '브랜드(평판)'가 좋아야 제품의 '성능과 품질(성과)'도 인정받는 것과 일맥상통한다.

외국계 H 은행의 임원으로 있는 선배는 '좋은 평판을 갖기 위한 것'으로 세 가지를 들었다.

"좋은 평판을 갖기 위해 필요한 건 세 가지다. 바로 꼬라지, 싹수, 싸가지이지. 굳이 영어로 하자면 '3A', Appearance, Ability, Attitude가 그 조건이지."

*

성과를 내는 능력도 물론 중요하지만 개인 브랜드를 뒷받침하기 위한 일관된 태도와 성실한 자세도 중요하다. 즉, 좋은 평판을 얻어야 나의 성과도 인정받는다.

둘째, 나의 평판이 인사고과에 반영된다.

요즘 기업의 평가 방법이 바뀌고 있는 추세다. 대상을 여러 각도에서 보고 다면 평가를 한다. 예전처럼 상사 혼자 평가하던 단일 평가에서 탈피해 부하가 상사를 평가하는 리더십 평가 혹은 같은 부서 직원끼리 평가하는 동료 평가도 실시한다. 인사 평가 시기에만 잘하면 되지 않겠냐고 생각하는 사람도 있겠지만, 순간적인 눈속임이나 한두 번의 노력만으로 좋은 평판을 가질 수 없다. 왜냐하면 평판은 매일의 삶이 쌓여서 서서히 만들어지기 때문이다. 그렇기에 평판은 더욱 사람을 평가하는 중요한 잣대가 된다.

외국계 제약 회사에 근무하는 C 부사장이 있다. 그는 실적과 능력이 압도적으로 뛰어나서 이 자리까지 오게 되었지만 작년과 올해에 걸쳐 두 번이나 대표 후보에 올랐다가 떨어졌다. 화가 난 나머지 미국 본사 인사팀에 항의 전화를 했다. 담당자에게서 돌아온 답변은 놀라웠다.

"회사의 입장을 굳이 설명하자면, 지난 시간 당신이 이뤄온 실적들의 평가로 부사장 자리까지 온 것입니다. 하지만 대표의 자리에 오르기 위한 실적이 당신에겐 아직 없습니다."

그 인사 담당자가 지적한 세 가지는 정말 의외였다.

*

하나, 함께 일하는 후배 사원들에게 별로 관심을 보이지 않았고, 소통 시에 편안하게 대화할 분위기를 마련하지 못했다. 둘, 월급은 적지만 애쓰는 직원들, 즉 경비 아저씨나 청소 아주머니의 인사를 받아주지 않으며 먼저 인사하지도 않았다. 셋, 유머가 전혀 없었다.

셋째, 평판이 좋은 직원은 회사의 가치를 높여주는 '자산'으로 평가받는다.

회사 구성원은 업무를 할 때 대외적으로 회사의 이미지를 대변한다. 보통 좋은 평판을 지닌 사람은 영업력과 대인관계 능력이 뛰어나기 때문에 회사의 자산이라고 평가해도 무방하다. 좋은 평판은 최상의 소개장이기도 하다.

실제로 평판은 기업의 인사 추천, 채용 과정 등의 실전에서 인재의 가치를 따지는 결정적인 변수로 작용한다. 비단 규모가 큰 조직, 중간관리자급 이상의 경력직, 리더십이 필요한 최고경영진의 채용 시에만 평판 조회가 시행되고 있는 것은 아니다. 작은 조직에서도 평판 조회는 필요할 때마다 반드시 거치며, 인사 담당자는 수집한 평판을 활용하고 인력 회사의 평판 조회의 기능을 깊이 신뢰하고 있는 실정이다.

한편, 회사가 텔레비전이나 신문에 광고를 내보낼 때 가장 고민하는 내용이 '전속 모델로 이번엔 누구를 기용할 것인가?'이다. 해당 인물에 대한 좋은 평판은 기업 브랜드 가치를 올려주므로 제품에 프리미엄을 붙여준다. 반면 전속 모델이 이름값에 걸맞지 않은 비상식적인 언행을 보일 때 기업이 받는 타격은 상상을 초월한다.

2006년 나이키는 미국의 골프 황제 타이거우즈와 7년간 장기 후원 계약을 맺었다. 매출을 올리기 위해 우즈 개인의 브랜드 파워를 1억 달러가 넘는 초고액을 주고서 구매했다. 처음 한두 해는 잘 나갔다. 그러나 몇 년 후 타이거우즈가 스캔들에 휘말리자 골프 용품 라인이 우즈와 맞물려 있는 나이키골프 역시 경제 불황에 엎친 데 덮친 격으로 상당한 타격을 받았다. 이런 측면에서 보자면 좋은 평판은 양날의 검이 될 수도 있다.

앞에서 평판이 중요한 세 가지 이유에 대해 살펴보았다. 그렇다면 구성원의 평판을 어떻게 알 수 있을까? 보통 기업의 인사 담당자가 평판 조회를 했을 때 별로인 사람에 대해 평판을 물으면 "그냥 한번 겪어보세요!"라는 대답을 한다. 대답하기 곤란하니 그냥 한번 겪어보면 당신도 내 고충을 알 것이라는 의미다. 또는 이런 결정적인 질문을 하는 것도 좋다.

"그와 다시 함께 일하고 싶나요?"

이 질문에 대해 사람들은 꽤 솔직한 편이다. 다시 일하고 싶다면 조직과 잘 융합하면서 구성원들과 원만한 인관관계를 맺어왔다는 뜻이다. 긍정적 대답은 파란불이자 좋은 평판에 대한 증명이다.

나는 한 조직의 리더로써 일하고 있는 사람들을 만날 때마다 평판을 잘 관리할 것을 조언한다.

"리더로서 명심할 사항이 있습니다. 적어도 일 년에 한 번씩은

*

직원들이 당신을 어떻게 인식하는지 점검해야 합니다. 자신의 평판이 어떤지 알아야 하는 것이지요."

또한 좋은 평판을 위해선 자신의 언행에 진정성을 보여야 한다. 절대로 단기간의 이해타산에 민감하게 반응해서는 안 된다. 조직에서 잘나가는 사람들에게만 아부하듯이 '입속의 혀'처럼 구는 이들이 있다. 그 사람이 성공하고 승승장구할 때는 옆에 바싹 붙었다가 그렇지 않을 때는 언제 그랬냐는 듯 모른 척하는 이들 말이다. 좋은 평판을 위해서는 일관성과 진정성을 가지고 우직하게 한 방향으로 나가야 한다.

자기 입으로 직접 이야기하거나 겉으로 드러내지는 않지만 상사, 부하, 동료들에게 존경과 신뢰를 받는 직원들도 많다. 이런 우수 사원의 공통점은 상대의 필요를 몸으로 '인지'하려는 태도를 지녔다는 것이다. 나는 이것을 '느끼려는 태도'라고 표현하고 싶다.

느낌은 눈에 보이지 않는다. 상대의 필요를 느끼고 아쉬운 점을 해결해주려는 태도가 몸에 배어야만 할 수 있다. 즉, 좋은 평판을 얻는 법이란 조직 내 상하 구성원과 외부 이해관계자들의 이런 '느낌'을 잘 알아차리고 대응하여 신뢰를 얻어내는 노하우나 다름없다. 각 업계의 1등 기업들이 평판이 좋은 이유가 바로 이 '느끼려는 태도'로 고객만족의 경영을 해왔기 때문이다. 1등 기업이 소수이듯, 회사 조직 내에서도 극히 일부의 사람만이 두루 좋은 평판을 얻고 있다.

좋은 평판을 위해서는 솔선수범하고 희생하는 자세가 필요하다. 좋은 평판이란 함께 일한 사람들에게 "저 사람, 참 괜찮네!"라는 평을 듣는 것이다. "괜찮다"라는 평판은 자신을 겪어본 사람들이 한다. 따라서 늘 조직 속에서 솔선수범하고 희생하면서 어느 정도 손해를 보겠다는 자세가 필요하다.

'평판'이란 결국 자기 자신이 걸어온 발자국이다. 눈 덮인 길을 걷다가 문득 뒤를 돌아 내가 걸어온 발자국이 찍혀 있는 것을 본 경험이 있는가? 발자국은 절대 거짓말을 하지 않는다. 그냥 내가 걸어온 대로 보이고, 남긴 발자국대로 읽힌다. 언제나 남이 보든 말든 상관치 않고, 스스로가 걷는 발걸음 그대로 꾸준히 가장 궂은일을 도맡아 하고, 가장 작은 일에 최선을 다하다 보면 자기도 모르는 사이에 "저 사람 괜찮네!"라는 평판을 듣게 된다.

심리학자이자 컨설턴트로 『저 사람 왠지 좋다』를 저술한 나이토 요시히토는 말했다.

*

사무실 쓰레기통이 차면 조용히 직접 비우는 사람이 있다. 아무도 안 볼 거라 생각하는 곳에서도 누군가는 반드시 보고 있다. 그래서 "저 사람, 참 괜찮다!"라는 소문이 돌게 된다. '나는 원래 큰일만 하는 사람이야', '그런 작은 일은 아랫사람이 하는 거야'라는 인식은 잘못된 것이다. 작은 일을 소홀히 하는 사람치고 크게 성공한 사람은 드물다.

평판은 그 사람의 앞길을 열어주기도 하고 막기도 한다. 때로는 화려한 이력이 담긴 이력서보다 주위 동료의 입소문을 통해 평판이 좋은 사람이라는 '소개장'이 더 큰 힘을 낸다. 지금 직장에서의 자신의 평판이 그다지 좋지 않다면 업무 성과를 발휘하기 위해 목을 매기보다 먼저 사내 평판부터 관리해야 한다. 나에 대한 동료들의 평판이 나를 죽이기도, 나를 살리기도 한다는 것을 거듭 명심하라.

*

07
기회를
날카롭게 포착하라

무엇보다 타이밍이 중요하다는 뜻의 'Timing is Everything'이라는 영어 속담이 있다. 정책결정자가 서민생활과 밀접한 정책을 시행할 때는 그 적용 시기가 중요하다. 정치인은 국민에게 환영받는가? 물론 좋은 법안을 내놓은 정당은 지지도가 상승한다. 그러나 서민들이 원할 때, 바로 그때 가려운 곳을 긁어주고 시대에 맞는 법을 시행해야 진정으로 환영받는다.

우리나라 부모들은 자녀 학습에 관심이 많다. 그토록 바라는 성적 향상의 비결도 학습의 적절한 타이밍에 있다. 흔히 말하는 투자도 타이밍이다. 채권이나 주식 같은 투자 상품을 사고팔 때도 시점을 잘 따져야 한다. 낮은 가격에 사서 높은 가격에 팔아야 마음이 흡족하다. 이렇게 보면 정말로 'Timing is Everything'이다.

*

최근 몇 년간 우리나라 경제는 제조업, 건설업, 요식업, 서비스업 등 분야를 가릴 것 없이 침체가 심해졌다. 게다가 고객들도 스마트해져서 제품이 마음에 들지 않거나 회사의 서비스가 부족하다 싶으면 뒤도 안돌아보고 다른 회사로 떠나가버린다.

조직에 몸담고 있는 회사원도 마찬가지다. 회사가 원하는 스펙과 정신 자세를 갖추지 못하면 금방 밀려나버리고 만다. 그래서 조직원은 회사의 정책과 방향, 즉 경영자의 욕구를 파악하는 동시에 자신에게 다가오는 기회를 알아보고 붙잡는 능력이 필요하다. 이것이 회사에서 개인이 살아남는 비결이다.

회사는 속성상 지속적으로 성장하지 않으면 좋은 직원들을 계속 유지하거나 새 직원을 채용할 수 없다. 즉, 회사의 성장은 회사의 구성원에게는 곧 자신의 발전을 의미하며 새롭고 신 나는 도전을 약속해준다. 따라서 회사에서 이러한 기회들을 맛보고자 한다면 스스로 기회를 붙잡을 줄 알아야 하고 회사에 필요한 존재가 되어야 한다.

퇴임하는 임원들이 후배 사원들과의 환송회 자리에서 공통적으로 털어놓는 말이 있다.

"회사에서 포착한 기회는 꼭 잡아라. 기회는 자주 오는 것이 아니다. 이것이 기회다 싶으면 놓쳐서는 안 된다. 기회를 잡기 위해서는 자신의 전문성을 키우고, 인맥을 넓히며, 사내 평판을 관리하고 있어야 한다. 회사는 항상 스스로 돕는 자를 돕는다."

그렇다! 직장인이라면 누구나 연봉이 오르고, 승진을 하고, 가치

*

있는 존재로 인정받을 기회를 잡기 원한다. 그러나 스스로 기회를 잡을 준비를 하는 자는 소수다. 기회를 보는 안목을 키우고 있지 않으면 기회가 와도 그것이 기회인지 알아보고 활용할 수 없다. 기회를 잡으려면 기회를 잡는 습관부터 들여야 한다. 당신은 아래 세 가지 질문에 어떤 답을 할 수 있는가?

첫째, 회사가 주는 기회를 잡기 위해 영어 학습, 운동처럼 아침마다 반복하는 습관이 있는가?

둘째, 업무 처리 면에서 밤을 새워서라도 기한 내 일을 마치려는 적극적인 습관을 갖고 있는가?

셋째, 회사 안팎의 인간관계의 네트워크를 넓히기 위해 어떻게 시간 활용을 하는가?

컨설턴트 회사 '더 퍼포먼스'를 이끌고 있는 류랑도 대표는 그의 저서 『일을 했으면 성과를 내라』에서 다가온 기회를 잡을 준비가 된 자라야 그 기회가 의미 있다고 말한다.

미리 준비하지 않으면 기회는 없다. 준비한 자에게는 기회가 왔을 때 잡을 수 있는 능력이 된다. 항상 자기계발을 게을리하지 말아야 한다. 자기계발을 계속한다면 나로서도 좋은 일이지만 내가 일하는 회사에서도 좋은 시너지를 낼 수 있을 것 같다. 회사에서 내가 인정받고 싶다면 먼저 나의 계발을 꾸준히 이어가야 한다.

*

회사에서 기회를 포착하기 위해 타이밍을 기다린다는 말을 달리하면 곧 '인내하라'다. 언젠가 〈동물의 왕국〉이라는 텔레비전 프로그램에서 사자가 사냥하는 장면을 본 적이 있다. 과연 사자는 밀림의 왕자였다. 사자는 절대 조급해하지 않고 기회가 오기를 기다릴 줄 안다. 사냥감을 보면 뛰어난 통찰력으로 기회를 포착한다. 쓸데없이 먹잇감을 쫓거나 괴롭히지도 않는다. 먹잇감을 사냥하기 위해 몇 시간씩 잠복한 채 타깃을 관찰한다. 그리고 틈이 보이면 절대로 놓치지 않는다.

자연에도 사계절이 있듯이, 직장생활 또한 늘 즐겁고 행복한 기회만 있는 것은 아니다. 일하다 보면 때로는 어려운 일이 찾아와 괴롭고 힘들게 마련이다. 나는 불행과 행복은 함께 다닌다고 생각한다. 이 둘은 동전의 앞뒤 같아서 결코 따로따로 다니지 않는다. 우리가 원하든 원하지 않든 간에 직장에서 우리가 겪는 위험이나 결핍, 복잡한 문제는 스스로를 변하게 해주는 원동력이 된다.

기회는 가까이에 있다. 다만, 준비된 자에게만 보인다. '고생 끝에 낙이 온다'는 속담이 있다. 나무가 늦가을 옷을 벗고 눈보라 치는 겨울을 이겨내자면 이윽고 새싹 돋는 봄을 맞듯이, 괴롭고 힘든 때를 이겨내면 반드시 좋은 기회가 온다. 인간사도 직장사도 마찬가지다.

처음에는 사람이 습관을 만들지만, 어느 순간엔가 '습관이 사람을 만들게' 된다. 매번 성과를 내는 직원은 매 순간 잠재의식에 '나는 이번 일에도 반드시 성과를 낸다'라고 각인시킨다. 이 일을 반복

*

하면 사고의 습관이 되고, 그 사고 습관에 걸맞은 행동을 하게 된다. 행동이 결국 습관으로 변하는 것이다. 이런 습관이 인생을 바꾼다. 이 사실은 평범한 직장인의 일터에서도, 예술가의 세계에서도, 운동선수의 세계에서도 마찬가지 진리다.

고수인 사람은 고수의 습관을, 하수인 사람은 하수의 습관을 가지고 있다. 책상만 보아도 알 수 있다. 고수는 안정된 환경, 정돈된 상태에서 일한다. 일을 시작할 때 깨끗하게 정돈된 책상에서 할 수 있도록 하루 일과를 마칠 때 10분이라도 시간을 할애해 깔끔하게 정리한다. 잘 정돈된 서류가방, 컴퓨터 바탕화면과 하드디스크 속의 폴더들도 항목별로 일목요연하게 정리되어 있다.

기회를 잡기 위해서는 마음 자세부터 고쳐 잡아야 한다. 입사 면접 시 회사는 단순히 일할 수 있는지 인재의 자격과 조건을 갖추었는지 여부만을 본다. 그래서 입사 때는 일반적으로 능력 면에서는 그리 큰 차이가 없다. 그러나 몇 년이 지나 과장쯤 되면 입사 동기였던 두 명이 같은 업무를 추진하더라도 그 결과물은 천지 차이다. 그 이유는 개인 능력 발전 속도의 차이도 있지만 일하는 자세와 태도에서 오는 경우가 많다. 마음 자세의 영향이 크다.

프로의 자세와 마음가짐을 지니고 있는 쪽이 일을 깔끔하게 처리한다. 매달 25일이 되면 월급만 타 가는 직원과는 차원이 다르다. '나는 회사에 뼈를 묻겠다. 회사와 나의 생사고락을 같이하겠다!'는 마음 자세를 가진 직원은 안 되려야 안 될 수 없는 운명이다. '나는 그냥 받는 월급만큼만 일하겠다!'는 사람은 절대 가질 수 없는 탁월

*

함을 지녔기 때문이다. 자신 주변의 네트워크를 활용하고 책임지고 끝낼 방법을 찾기 위해 눈에 불을 켠다. 이런 자세는 그냥 생기지 않는다. 먼저 '내가 하는 일의 중요한 의미'를 스스로 찾고 동기부여할 수 있어야 한다. 새벽부터 밤늦게까지 '열심히 일하는 것'도 중요하지만 '일을 하는 의미'를 명확하게 깨달아야 한다. 그래야만 더 창의적이고 좋은 결과물을 낼 수 있으며 본인도 일하는 만족감을 높일 수 있다.

기회를 잡는 직원은 반드시 성과를 올리는 습관을 가지고 있다. 예컨대 '매일 업무에 대해 깊이 연구한다', '일을 끝까지 해낸다', '앉으면 금방 일에 몰입한다', '마감 시간을 엄수한다' 등의 습관은 성과를 올리는 사람들의 공통점이다.

마지막으로 기회를 잡는 자는 도전을 한다. 내게 다가오는 기회를 잡기 위해서는 남이 하지 않는 일, 남이 가보지 않는 곳에 과감히 도전할 수 있어야 한다. 다른 동료가 피하거나 부담스럽게 생각하는 프로젝트도 선뜻 맡을 수 있어야 한다. '한쪽 문이 닫히면 한쪽 문이 열린다'고 했다. 현재 누리는 편안함에 대한 '포기'와 미래 목표에 대한 불굴의 '도전'이 있어야 한다.

내 주위의 입사 동기 중에서 특진하는 동료들을 보면 반드시 무모해 보이는 '도전 스토리'가 있다. 한 예로, 4년 전 나와 같이 진급한 동료는 나보다 빨리 '장'이라는 자리에 올랐다. 그는 본사에 들어가서 3년 동안을 열심히 일했다. 지방 출장도 잦아서 자기계발할 시간도 부족했다. 주말에도 사무실에서 보내야 했기에 가족과 함께 보낼 시간도 거의 없었다. 그러나 그 결과는 눈부셨다. 회사는 그의 공로를 인정해 그를 빨리 진급시켰다.

기회를 잡으려면 때로 다른 사람이 싫어하는 일이나 자신의 희생이 요구되는 일을 과감히 할 수 있는 자세가 필요하다. 당연히 프로는 아마추어가 하기 싫어하는 일을 묵묵히 할 수 있어야 한다.

회사에서 진취적인 태도로 업무에 임하고 부족한 점이 있으면 알아서 배우는 사람에게 승진을 비롯한 좋은 기회는 몇 곱절 더 많이 찾아온다. 입사 동기와 출발을 같이했지만 승진에서 차이가 나는 것은 바로 회사가 나를 인정해주기 때문이다.

한두 번 이런 기회를 잡으면 다른 동료와의 차별성을 띠는 중요한 경력이 된다. 우수인재로서 동료와 상사에게 인정을 받는 것은 물론이다. 시간이 지날수록 진가를 드러내며 미래의 경영진으로 낙점된다.

회사는 헌신한 자를 반드시 기억하며 본능적으로 능력자를 알아본다. 이에 반드시 승진이나 연봉 인상 같은 실질적인 보상으로 함께 보답한다. 기회를 잡아야 살아남을 수 있음을 명심하고 또 명심하라.

*

08

충성심, 정치력, 추진력의
3박자를 갖춰라

조직의 리더가 갖추어야 할 자질에는 어떤 것들이 있을까?

흔히 직장인들은 조직 리더의 자질로 지도력, 열정, 추진력, 전문성, 성실성, 원만한 대인관계, 폭넓은 인맥, 긍정적인 평판, 출중한 외국어 실력 등을 꼽는다. 지위가 높아질수록 더욱 높은 수준의 일을 맡게 되고, 고도의 집중력을 발휘해야 문제를 해결할 수 있기 때문이다.

리더는 조직의 흥망을 좌우하는 사람임을 인식하고 평사원 때부터 스스로 리더로서의 자질과 조건을 갖춰나가야 한다. 음악이든 일이든 박자가 잘 맞아야 시작이 매끄럽고 아름다운 끝마무리를 할 수 있다.

조직에서 인정받고 승승장구하기 위해선 무엇보다 충성심, 정

*

치력, 추진력의 3박자가 필요하다.

첫째, 회사와 상사에 대한 충성심이다.

고용시장이 유연해진 요즘 조직마다 직원들에게 로열티를 부르 짖는다. 회사에 대한 충성도가 얼마나 강한지가 점점 중요해지고 있는 것이다.

나의 지인 중 W 은행의 강남 지역 H 지점장은 '회사의 인정을 받기 위해 어떻게 해야 하는가?'에 대해 이렇게 말했다.

"겨울철 연탄아궁이에 불을 때보았는가? 불을 처음 피울 때만 번개탄을 쓰고 그 이후로는 서서히 타는 연탄의 역할이 중요하네. 회사도 이와 같지 않겠나? 시작할 때 폭발적인 화력을 내는 조직원 도 필요하지만, 그보다 로열티를 가지고 잔잔하고 꾸준히 회사를 지피는 연탄 같은 직원이 더 인정을 받는다네."

철새처럼 연봉을 따라 경쟁사로 떠나는 시대에 충성심으로 무 장한 직원은 더욱 인정받고 기업의 핵심인재로 커갈 확률이 높다. 성과를 내는 직원들 중 사명을 다해 일하는 직원은 드물다. 그래서 상사가 곁에 두고 가르치고 싶어 하는 사람은 '재능'보다 '충성심' 이 뛰어난 인재다. 여러 조직에서 평사원부터 CEO까지 경험한 『임 원의 조건』의 저자 조관일 대표는 충성심의 가치에 대해 이렇게 말 한다.

탈(脫)권위 시대에 충성심을 입에 올리는 게 이상하게 들릴지 모르

*

나 위계질서가 흐릿해질수록 충성심의 가치는 한결 더 높이 올라간다.

단언컨대 조직과 상사에게 기울이는 충성심은 능력에 앞선다. 회사에 대한 충성심이 있어야 상사도 믿고 일을 맡길 수 있다. 결국 충성심은 그 무엇으로도 대체할 수 없는 능력이다.

둘째, 정치력이다.

여기서 말하는 정치력은 사극에 나오는 권모술수나 핵심집단에 속하고자 벌이는 그런 이기적인 협잡이 아니다. 가치관과 성장 배경이 다른 여러 사람이 회사의 발전을 위한 의사결정을 협의하고 각 부서의 이해관계를 조정하는 일을 말한다.

"사내정치에 올인해서는 안 된다"는 일각의 의견도 일리가 있다. 실제 그 부정적 이미지로 사내정치는 학계에서 금기시되는 개념이었지만, 최근 권위 있는 매거진 〈하버드 비즈니스 리뷰〉에서도 비중 있게 다룰 정도로 관심이 높아지고 있다.

국내 S 정유의 인사 담당 P 과장은 사내정치의 필요성에 대해 이렇게 말했다.

"사내정치를 모르거나 없다고 생각하는 사람은 세상 이치와 조직의 생리를 모르는 사람이죠. 실제 기업 일선에서도 나쁜 사내정치에 대처하고 좋은 사내정치 역량을 높이고 하자는 시도가 일어나고 있어요."

*

회사 업무를 하다 보면 경쟁사, 직속 상사, 입사 동기, 후배 사원 할 것 없이 의견을 조정하고 설득해야 할 일이 필요하다. 바로 이때 정치력이 요구되며, 상황에 맞는 협상력, 조정력, 창의력 없이는 문제 해결이 불가능하다.

셋째, 일에 대한 추진력이다.

회사가 살아남기 위해서는 매출 목표와 상세 계획을 달성해야 한다. 그래서 위로 올라갈수록 처리해야 할 일의 양은 점점 많아지고 책임도 무거워진다.

우수인재는 '난관'에 봉착했을 때 해결해나가는 법, 신속하게 일을 처리하는 방법을 알고 있다. 이와 더불어 생산적으로 업무를 처리하는 시간관리 능력도 탁월하다.

어떻게 하면 추진력을 키울 수 있을까? 그 답은 의외로 간단하다. 매일 학습하고 배우면 된다. 2010년 4월, 미국 워싱턴에서 열린 G20 재무장관 회의에 참석하기 위해 공항에 왔던 윤증현 당시 기획재정부 장관은 기자간담회에서 이렇게 말했다.

"국제회의에 나갈 때마다 드는 생각인데, 아는 게 없다는 걸 통탄한다. G20 회의를 개최하는 의장국이 됐지만, 경제 강국, 금융 강국들이 주도하는 회의 내용을 쫓아가기가 바쁘다. 지식의 빈곤을 절실하게 느낀다. 가슴이 아프고 고통스럽다. 회의 때마다 '내 밑천이 드러나더라도 배워야겠다'는 생각을 한다."

그러면서 그는 기자들과 함께한 젊은 후배 공직자들에게 이렇

*

게 조언했다.

"선배로서 경험을 말하는데, 젊은 시절 시간을 낭비하지 말고 공부하라. 나중에 서러운 후회를 하지 말고 가능한 한 시간을 쪼개서 전문 분야의 공부를 많이 하라. 정말로 열심히 해야 한다."

사명감을 갖고 전문성을 키우기 위해 목숨 걸고 노력해야 한다. 책을 읽거나 인터넷 강의를 통해 자기계발을 한다면 시간이 갈수록 전문성을 높이게 된다. 전문성이 높은 만큼 시간을 생산적으로 활용해 업무 성과를 발휘할 수 있다. 그러니 자연스레 동료들과 상사로부터 호감은 물론 인정을 받게 된다. 조직에서 인정받는다는 것

은 다양한 기회를 누릴 수 있다는 뜻이다.

　과연 현장에서 몸으로 익힌 암묵지(暗默知)는 누구에게 배울 것인가? 의사결정 능력을 키우고 업무 효율성을 높이는 가장 손쉬운 방법은 능력 있는 상사나 선배를 멘토로 삼는 것이다. 나 역시 문제에 봉착했을 때는 선배들을 찾아가 조언을 구함으로써 그 난관을 헤쳐나갈 수 있었다. 상사나 선배를 멘토로 삼는다면 한정된 시간에 꼭 해야 할 일과 하지 않아도 될 일을 구분하는 이성적 통찰력과 전략적 사고를 기를 수 있다. 주위에서 특진하는 동료들이 가끔 있는데, 그들의 일하는 방식을 살펴보면 효율적이라는 것을 알 수 있다. 때로 그들에게 조언을 구하는 것도 업무 효율을 높이는 한 방법이다.

　많은 직장인이 이 시간에도 임원으로 발탁되고 초고속 승진을 거듭하기 위해 애쓰고 있다. 거듭 강조하지만 그래서 필요한 것이 바로 충성심, 정치력, 추진력이다. 이 3박자를 고루 갖추기 위해 노력해야 한다. 이 중 한 가지라도 부족하거나 결여된다면 인정받는 것은 물론 승진하는 데 적색 신호가 켜질 것임을 기억하자.

*

09

같은 시간 안에
여러 일을 한꺼번에 진행하라

자주 병목현상이 일어나는 도로는 심각한 교통체증으로 몸살을 앓는다. 그렇다면 직장의 업무에서는 어떨까? 자신이 할 수 있는 일의 양에 한계가 있는데, 갑자기 많은 종류의 업무가 한꺼번에 몰려온다면? 분명 혼란에 빠질 것이다. 내가 업무상 거래하는 회사들 역시 월말이나 연말이 다가오면 업무 병목현상을 경험하는 경우를 많이 봐왔다. 과연 어떻게 하면 이런 문제를 극복하면서 같은 시간 안에 여러 일을 한꺼번에 진행할 수 있을까?

조직이 원하는 핵심인재가 되기 위해선 여러 일을 한꺼번에 처리할 수 있는 멀티플레이어가 되어야 한다. 즉, 일이 여기저기서 몰려와 아무것도 할 수 없는 상태에서도 '업무 병목현상'을 해결할 수 있어야 한다는 말이다.

*

먼저 병목현상은 왜 생기는가에 대해 살펴볼 필요가 있다. 병목현상의 핵심 원인은 의외로 간단하다. 도로 적정 통행량보다 차가 많이 들어서기 때문이고, 차선이 좁거나 차량들의 통행속도를 조절하지 못하기 때문이다. 이는 업무에서도 마찬가지다. 업무 병목현상의 해결책으로 두 가지를 꼽을 수 있다.

첫째, 차선을 넓힌다.

내가 일하는 건설 회사는 필요한 곳에 길을 만든다. 공항으로 가는 관광객이 많아지면 도심과 공항을 오가는 고가도로를 만든다. 도시 인근에 신규로 산업단지가 들어서면 도심과 산업단지를 연결하는 산업단지 연계도로를 증설한다.

업무도 이와 마찬가지다. 업무 면에서는 업무 태도와 자세를 바꾸는 일이 바로 차선을 넓히는 방법이라고 할 수 있다. 인사 담당자는 능력 있는 인재를 뽑고 싶어 한다. 인사 담당자를 안달 나게 하는 인재가 되기 위해선 한 번에 한 가지씩 일을 진행하기보다 여러 가지 일을 동시에 진행할 수 있는 능력을 갖추어야 한다.

집을 가장 좋아해 건축 기자가 된 구본준 저자는 『한국의 대리들』에서 일을 많이 하려는 적극적이고 진취적인 업무 태도의 장점을 이렇게 설명한다.

일을 많이 하는 것이 힘은 들지만 꼭 나쁜 것은 아니라는 얘기도 주의 깊게 들어야 한다. 일을 많이 하면 그만큼 업무 학습 속도가

*

빨라지기 때문이다. 일을 빨리 배우면 업무 처리에 능숙해지고 이는 직장에서 남들보다 빨리 자신을 업그레이드하는 데 기본이 된다. 일 못하는 사람이 야근한다는 우스갯소리가 있지만, 아마도 대부분의 대리는 이 말에 동의하지 않을 것 같다.

나는 업무에 과부하가 걸리는 것은 해야 할 일의 수가 많아서가 아니라, 일을 해내기 위해 쏟아야 할 시간과 노력, 열정과 에너지가 크기 때문이라고 생각한다. 일하는 사람의 의식 수준과 일하는 태도를 바꾸지 않으면 항시 업무가 과부하에 걸릴 수밖에 없다.

콘센트와 마찬가지로 사람도 부담이 큰 일, 감정적으로 힘든 일, 시간을 쏟아야 하는 일을 한꺼번에 너무 많이 하다 보면 과부하가 걸려 퓨즈가 타버린다. 나라는 '회로' 하나에 연결된 '기기'가 몇 개인가는 중요하지 않다. 단, 처리 용량을 넘어서는 기기가 많아서 과부하가 될 가능성이 얼마나 높은지가 문제다. 극심한 스트레스로 스스로 관리할 수 없는 수준에 도달하면, 끝내 정신이나 체력에 한계가 와서 자신이 맡은 모든 업무가 마비되기에 이른다.

그러므로 각각의 일에 필요한 열정과 애정의 양이 얼마나 되느냐에 따라 쏟는 에너지의 양을 조절해야 한다. 그래서 태도가 열정적인 사람은 소풍가듯 산책하듯 즐기면서 일할 수 있다.

예를 들어 나는 종종 여러 회사의 직원들 앞에서 열정적으로 주제 발표를 하곤 한다. 사실, 내가 하는 발표 같은 일은 동료들이 부담스러워하는 일이다. 그러나 나는 그 과정이 부담스럽거나 힘이

*

들지 않고 오히려 재미있기까지 하다. 왜냐하면 내가 자료를 준비하고 프레젠테이션을 준비하기 위해 쏟아 붓는 힘과 거기서 얻는 보람의 수준이 같기 때문이다.

나는 매번 프레젠테이션에 '회사 내 최고의 프레젠테이션 전문가 되기'라는 나름의 의미를 부여하고 나 자신을 성장시키는 계기로 삼는다. 그렇기에 청중 앞에서의 떨림이나 그 준비 과정에서 겪는 야근은 오히려 놀이처럼 즐겁다. 일이 놀이가 되고 성과를 발휘하려면 일을 진행할 때 자신이 쓸 수 있는 에너지와 진행하는 일과의 균형점을 찾아야 한다. 의식 수준을 높이고 일에 임하는 태도를 바꿔야만 가능한 일이다. 그것이 지적 부담이든, 감정적 부담이든, 육체적 부담이든, 영적 부담이든, 우리가 일을 하면서 쓰게 되는 에너지에 맞는 태도를 갖추지 않으면 지쳐서 탈진하고 만다.

무엇보다 일을 대할 때 '나는 잘할 수 있다'라는 자신감을 갖는 것이 중요하다. 일에 착수하는 단계에서부터 일을 마무리했다는 상상을 해야 한다. 요즘 기업은 한 사람에게 기대하는 업무의 양이 꽤 많다. 나도 주변의 우수 사원들이 일을 처리하는 무시무시한 업무처리 속력과 그 위세에 때로는 경외감을 느낀다. 그들은 일에 대해 항상 좋은 결과를 미리 보고 시작한다. 그다음에 재미있게 일하고, 여유 있는 시간에 기억해야 할 내용을 다시 한 번 머릿속으로 그린다. 앞뒤를 거꾸로 생각하는 습관, 이겨놓고 싸우는 방식을 취한다.

류근모 사장은 세계 최고의 유기농 쌈 채소를 만들겠다는 끈기와 집념 하나로 '유기농 채소 재배의 달인'이 되었다. 그는 자신의

*

저서 『상추 CEO』에서 일할 때의 자신감과 도전정신의 중요성에 대해 이렇게 말했다.

> 성공할 것이라고 믿는 사람은 성공하고, 실패할 것이라고 믿는 사람은 실패한다. 대부분의 실패는 안 된다는 그 마음에서 비롯된다. 무의식중에 똬리를 틀고 있는 그 고정관념이 이 일은 정말 불가능해, 라고 속삭이면 그는 정작 해보지도 않고 포기한다.

그렇다! 승승장구하는 인재는 반드시 진취적인 태도로 업무에 임하고 자신감이 있다. 부족한 점이 있으면 기필코 알아내고 배워 해결해나간다는 특징을 지니고 있다. 나는 이런 자세라면 업무의 병목현상은 말끔히 해결될 수 있으리라 생각한다.

둘째, 처리할 수 있을 정도로 업무를 세분화하고 위임한다.

도로에서 정체가 시작되면 도로의 상습 병목구간에 즉각 교통통제 경찰관을 투입한다. 무질서는 정체의 가장 큰 이유다. 또는 운전자들을 질서 있게 내보낼 수 있도록 도로의 정체구간에 신호등을 설치한다. 그래서 차량이 한 대씩 차례로 빠져나가게 한다. 병목구간에 들어선 차량의 수와 통과시키는 수가 같으면 차량 통행에 문제가 없다.

실제 업무에서는 위와 같은 일의 처리 속도를 높이는 지혜가 어떻게 활용될까? 업무 능력이 뛰어난 사람은 신호등처럼 순차적으

*

로 처리하기 위해 업무를 중요도와 긴급도에 따라 순서대로 나눈다. 그리고 각 업무를 처리하기 위해 필요한 시간과 에너지의 양을 측정한다.

그다음 실행을 위한 전략적 판단을 내린다. 교통 당국이 교통체증이 생기리라 예상되면 즉시 교통경찰을 투입해야 하듯이, 시간과 에너지가 한정되어 있기에 아예 필요 없는 일은 없애고, 불필요한 업무는 가지치기를 해야 한다. 그래야 전체 업무가 질서 정연해지고 각 업무의 처리 속도를 빠르게 할 수 있다.

이렇게 업무를 구획하고 계획을 수립해서 일하면 다음과 같은 장점이 있다. 우선 두서없이 일하는 실수를 피할 수 있다. 그리고 누구도 함부로 방해하지 못한다. 왜냐하면 스스로 먼저 명확한 달성 목표와 업무 목적을 수립하였고, 세운 계획대로 실행하는 데 집중하기로 확고히 마음먹었기 때문이다.

부담이 지나치게 크지 않은 일이나 난이도가 높지 않은 단순 반복적인 일이라면 분석이나 계획 수립 없이도 쉽게 여러 일을 한꺼번에 해낼 수 있다. 그런데 여러 일들이 서로 나의 에너지를 차지하려고 경쟁을 벌이면 상황이 위험해진다.

이럴 때는 목표를 세분화해야 한다. 잘 깎은 후 한입 크기로 쪼개놓은 사과가 먹기에도 좋다. 일의 덩어리를 실행하기 좋게 목표를 잘 쪼개고 다듬으면, 내가 해야 할 일이 뭔지 정확히 알 수 있다. 그다음, 비로소 실천이다! 이렇게 일하면 적절한 시간 배분을 하며 일을 효율적으로 하는 좋은 습관이 생겨난다.

＊

같은 시간 안에 여러 일을 한꺼번에 진행하기 위해서는 일하는 태도를 바꿔야 한다. 의식 수준이 향상되지 않고는 동시에 여러 일을 처리할 수 없으며, 일은 쌓여가고 매일 업무 스트레스에 시달리는 악순환이 계속될 뿐이다.

동시에 일을 신속히 처리하는 방법들을 계속 배워나가야 한다. 그래야 같은 시간 안에 여러 일을 한꺼번에 해내는 직원이 되고 나중에는 회사가 원하는 핵심인재가 될 수 있다.

*

Part 5

함께
일하고 싶은
사람이 되라

01
혼자
밥 먹지 말라

요즘 회사마다 멘토링 활동 붐이 일고 있다. 그리스 신화에서 유래한 멘토링(mentoring)은 원래 풍부한 경험과 지혜를 겸비한 사람이 일대일로 지도와 조언을 하는 것을 뜻했다.

현재 기업에서는 뛰어난 경력과 풍부한 경험을 가진 선배가 후배들이 업무 능률을 올리고 조직에 잘 적응하도록 돕기 위한 방법으로 활용하고 있다. 여기에는 신입 사원이나 경력 사원이 조직에 새로 들어올 시 '혼자서 하기보다 둘이 하면 적응이 쉬우니까 같이 하라'는 회사의 배려가 담겨 있다.

회사 동료들을 가만히 살펴보면 '그 한 사람'이 없어서 아쉬워한다. 동료들은 삼삼오오 짝을 지어 밥을 먹으러 가는데 혼자 음식점 구석진 곳에서 스마트폰을 만지작거리며 밥을 먹는다. 때로 상사에

*

게 호되게 꾸지람을 들은 후 퇴근 후 술잔을 기울이며 고민을 토로할 사람이 없어서 쩔쩔매기도 한다. 혹은 갑자기 어려운 일을 맡았을 때 상의하고 함께 일을 처리할 사람이 없어 직장생활이 외롭다고들 말한다.

내가 직장인을 상대로 면담하면서 자주 받는 질문 중 하나는 "회사생활을 더 잘할 수 있는 방법이 있습니까?"이다. 나는 주저 없이 조언한다.

"당신이 이제 갓 입사한 신입 사원이든, 한 그룹을 이끄는 총수이든 간에 내가 자신 있게 해줄 수 있는 조언은 이것입니다. 직장에서 진솔한 친구를 한 명이라도 만들려고 노력해보세요. 직장생활이 몰라보게 나아지고 즐거워질 겁니다."

물론 인간관계만 좋다고 회사에서 발생하는 모든 문제가 눈 녹듯이 해결된다는 말은 아니다. 백과 연줄을 만병통치약으로 알고 일 처리를 하던 구시대적 사고방식은 더 이상 통하지 않는다. 그럼에도 회사 내외부의 인간관계를 구축하는 것은 분명 중요하다. 업무를 원활하게 돌아가게 하고 타 부서와의 협업을 가능하게 하는 네트워킹 능력은 성공의 필수 요소다. 그래서 지금 이 시간에도 많은 직장인이 인간관계의 개선을 위해 애쓰고 있지 않은가.

그렇다면 직장 내에서 함께 일하고 싶은 사람, 네트워크가 좋은 사람이 되기 위해선 어떻게 해야 할까.

방법은 세 가지다.

*

첫째, 먼저 베풀고 미리 준비하라.

좋은 인간관계는 우선 우호적으로 상대의 입장에 서서 이해하려는 자세에서 시작되는 경우가 많다. 내가 가지고 있는 것을 아낌없이 나누어줄 수 있는 태도를 갖추고 있는가를 먼저 생각해야 한다. 그래서 회사에서도 어떤 인재를 리더로 선임하기 전에 그가 향후 조직원들을 이끌어주고 조언해줄 수 있는지를 확인한다. 그리고 네트워킹 능력을 갖추었는지를 꼭 평가한다. 왜냐하면 회사 전체의 이익을 위해서라면 때로는 타 부서의 업무 진행에 도움을 줄 수 있어야 하고 타 부서의 협업이 필요할 때는 협력을 이끌어낼 수 있는 역량이 필수적이기 때문이다.

회사라는 울타리 안에는 성격, 가치관, 성장 배경이 다른 무수한 사람이 동시에 근무한다. 그런데 서로 다른 각각의 존재는 접촉하지 않고선 하루도 살 수 없고, 오히려 한 몸처럼 연합해야 비로소 살아남을 수 있다. 자신의 행복은 물론이고 공동의 행복을 위해서 협동하지 않으면 생존할 수 없는 것이다.

그래서 신입 사원들과 면담하자면 "선배님, 앞으로 회사생활을 해가면서 어떻게 인간관계를 맺어가야 할지 걱정이에요"라며 고민하는 경우를 많이 본다. 그러나 걱정할 필요 없다. 날 때부터 인간관계를 잘 맺어가는 사람은 드물다. 좋은 인간관계를 구축하려는 의지를 갖고 경험하면 할수록 인간관계의 능력은 긍정적인 방향으로 점점 발달해간다.

사람을 움직이게 하는 유일한 방법은 상대를 중요한 사람으로

*

인정하고 그들 스스로 자신의 중요성을 느낄 수 있게 해주는 것이다. 인간은 누구나 중요한 존재로 인정받고 싶어 하기에 상호 존중의 자세를 갖고 대하면 인간관계를 시작하는 데 무리가 없다. 세부적인 인간관계 스킬은 그저 하나씩 배워가면 된다. 그래서 인간관계의 기술에 관한 그 어떤 책이든 간에 기본적으로 상대에게 관심을 갖고 대해야 함을 역설하는 것이다.

타인과 연결된 삶을 살아가려면 우선 나부터 시각이 달라져야 한다. 인간관계란 마치 퀼트 조각과 같다. 내가 주는 도움이 씨줄이 되고 남에게 받은 도움이 날줄이 되어 직물이라는 삶의 결과를 만들어간다.

둘째, 인내심과 용기를 갖춰라.

인간관계를 맺고 발전시켜 나아가는 과정에서 생기는 타인의 거절 등의 상처 내지 상호 갈등을 극복할 인내와 용기가 필요하다. 『정상에서 만납시다』를 저술한 지그 지글러는 냄비 판매왕이었다. 그가 소심한 마음으로 일관했다면 그 자리에 설 수 없었을 것이다. 영업 사원의 능력 중 제1의 힘은 거절을 두려워하지 않는 것이다.

직장인들은 인간관계에서 오는 어떤 어려움도 이겨내고야 말겠다는 굳은 결심과 담대함이 없으면 회사생활을 잘해 나아가기 어렵다. 상사와의 관계에서도 마찬가지다. 실패와 거절에도 당연히 계속할 수 있는 열정이 필요하다. 인내와 용기는 배우는 데에서도 필요하지만 훗날 상사가 되어 부하 직원을 가르치는 데에서도 필요하

✽

다. 가르치는 일은 다시 배우는 일이기 때문이다.

만나는 사람을 소중히 여기고 계속 관계를 맺어가는 것이 인생이다. 삶에서 느끼는 만족감은 대부분 인간관계에서 온다. 그렇기에 직장 내 인간관계에서 갈등을 겪게 되면 모든 일에 의욕이 떨어진다. 보통 타인과의 갈등은 심리적 스트레스를 주고 부정적인 감정을 불러오기 때문이다. 이런 상태에서는 결국 문제를 해결하고 성과를 달성하는 데 써야 할 에너지, 앞으로 치고 나갈 힘을 쓸데없이 소비하게 마련이다.

한때 나와 함께 프로젝트를 진행한 P 과장은 항상 상사에게 신뢰받고 동료, 후배에게 사랑받았다. 나는 '이 사람 주위에는 왜 그토록 사람들이 몰릴까?' 하는 궁금증을 가지고 그를 지켜보았다.

그는 능력을 인정받아 과다한 업무를 맡게 된 어려운 상황에서도 매 순간 직장 동료와의 인간관계를 1순위에 놓고 상대를 인정하고 존중했다. 훗날 사석에서 그는 인간관계에 대해 이렇게 말했다.

"타인에게 인정받고 싶어 하는 욕구는 먹고 자는 생체적인 기본 욕구 다음으로 높아. 나를 비롯한 모든 사람은 자신을 중요하게 생각하게 마련이라는 말이지. 그래서 조국의 광복 일은 잊고 살아도 자기 자신의 생일은 절대 잊지 않아. 나는 입사 후 10년 동안, 만나는 상대를 나 자신처럼 중요하게 대해주었는데, 그 덕분인지 인간관계를 잘 유지할 수 있었어."

P 과장의 말은 시사하는 바가 크다. 항상 상대를 존중하며 인내하고, 인격을 쌓아가도록 애써야 한다. 자신의 일에 전문가가 되는

*

일도 중요하지만 인격을 쌓아 매력 있는 사람, 그래서 함께하고 싶은 사람이 되어야 하는 것이다.

셋째, 네트워크를 계속 유지하라.

당신은 이번 주에 어떤 사람들과 밥을 먹었는가? 함께한 사람들과의 만남을 소중하게 생각하면서 네트워크를 유지하기 위한 노력을 하고 있는가? 나부터 동료들이 함께 일하고 싶은 사람이 되어야만 상사는 물론 회사에게 인정받을 수 있다. 그러니 절대 혼자 밥 먹는 외로운 존재가 되어선 안 된다.

네트워크에는 나름의 규칙이 있다. 삼각형 모양의 피라미드나 육각형 모양의 벌집 형태로 일정하게 연결되어 있다. 그 중심에는 연결 역할을 하는 인간관계의 맥에 해당하는 사람, 소위 '마당발'들이 존재한다. 각계각층의 '마당발'들은 사회적 인지도와 재력이 있는 주요 인사만큼이나 보통 사람들과의 인간관계도 소중히 여긴다. 누구보다 바쁜 사람들이 왜 시간을 쪼개 네트워크 만들기에 열을 올리는지 생각해봐야 한다. 바로 중요한 정보와 기회는 타인과의 교류를 통해 얻을 수 있기 때문이다.

직장 내에서 더불어 살기 위해선 나 자신은 물론 타인에 대해서도 깊이 생각해봐야 한다. 인생은 사람과 함께 사는 것이다. 그래서 혹자는 "100권의 책보다 한 사람과의 만남에서 더 큰 영향을 받고, 며칠씩 인터넷을 헤매어 얻는 정보보다 단 한 시간의 만남에서 얻

＊

는 정보가 더 값질 수 있다"고 말한다.

자기 분야에서 최고가 되기 위해 타인에게 다가가려 노력하며 그들에게 도움을 구해보자. 회사에서 인정받고 성공하기 위해선 직장에서 내 경력을 이끌어주고 기회를 줄 선배들과 네트워킹을 통한 친분을 지속적으로 맺어야 한다. 서로를 아끼고 돌봐주는 사람들로 이루어진 생동감 넘치는 네트워크 환경에 둘러싸여 있을 때 훨씬 더 좋은 성과를 낼 수 있을 뿐만 아니라 인간적으로 풍요롭고 충만한 삶을 살아갈 수 있다. 무엇보다 외로운 직장생활 가운데 만나는 의미 있는 관계는 직장생활의 활력이 된다.

02

일을 제대로 해내는
힘을 갖추라

삼성경제연구소에 따르면 발굴된 핵심인재가 회사에 실제로 기여하기 시작하는 데는 평균 6.2개월이 소요된다고 한다. 하지만 이들 중 40퍼센트는 조직 적응 실패로 18개월 내에 퇴사한다. 채용과 교육의 비용, 급여와 퇴직금, 기회비용을 감안하면 핵심인재 퇴사 시 기업의 비용은 관리직 평균 월급여의 24배 정도에 이른다는 연구 결과가 있다. 그래서 회사는 인재가 퇴사하지 않고 좀 더 오래 남아 있도록 방안을 짠다.

회사 입장에선 반드시 일을 제대로 해내는 인재를 길러야만 지속적 성장이 가능하다. 일을 제대로 해내는 힘을 갖추라는 말은 업무 능력을 향상시키라는 말과 일맥상통한다. 보통 업무 능력은 본인이 가진 '자질'과 '태도'에 따라 결정된다.

*

243

외국어 구사력, 기획력, 분석력, 정보력 등의 훌륭한 자질을 갖고 있을지라도, 프레젠테이션, 파워포인트, 엑셀 등 각종 사무 프로그램에 능숙할지라도, 성과를 발휘하지 못하면 그것들은 있으나 마나 한 것에 불과하다. 직장에서 인정받고 승진하기 위해선 결국 업무 능력이 가장 중요하다.

회사에 쓸모 있는 인재로 남아 있으려면 어떻게 해야 할까?

첫째, 회사에서 요구하는 업무 능력을 끊임없이 향상시켜 나아가야 한다.

업무 수행에 필요한 자질을 키우고 일을 잘해내는 힘을 갖추려면 우선 성과를 내는 요소는 물론 성과를 내는 방법에 대해 세세히 알아야 한다.

보통 일 잘하는 사람들은 인풋(input)보다는 아웃풋(output)에 중점을 두고 일한다. 투입되는 시간 비용, 인력의 양이 아닌 산출되는 매출, 이익, 성과의 양과 질이 곧 일하는 목적임을 명확히 꿰뚫는다. 확실한 목적을 수립하고, 계획을 세워 일한다. 절대 업무 중 감상에 젖지 않는다.

경영컨설턴트 한근태 저자가 저술한 『일생에 한번은 고수를 만나라』에서도 고수는 노력보다 성과를 우선순위에 둔다고 말한다.

조직원들이 성과보다 노력이 중요하다는 착각을 하게 해서는 안 된다. 일을 하기 위해서가 아니라 성과를 위해 일해야 한다. 성과야말로 모든 활동의 목적이다.

일하는 데 쏟아 붓는 노력과 과정 역시 매우 중요하다. 그러나 일의 목적과 결과물에 무조건 열심히 하는 것보다는 스마트 워킹에 집중하는 것이 더 중요하다. 현명한 인재는 절대로 두서없이 일하지 않는다. 그들의 목표는 명쾌하고 단호하다. '이윤이 있어야 회사가 살아남는 법, 즉 경영 성과'야말로 전사적 업무 활동의 목적이다. 그래서 항상 일류의 조직은 무작정 일을 하기 위해서가 아닌, 매출을 올리고 성과를 내기 위해서 일한다. 그 과정 속에서 올바른 잣대로 평가하고, 성과와 업적에 대해 보상받는 사람의 수를 최대한 늘리며 기업가치의 상승곡선을 그린다.

예컨대 당신이 팀장이고, 오늘 서류 작업하는 업무와 영업해야 할 방문처가 열 군데 있다고 가정해보자. 당신의 부하 직원은 두 사람이다. 직원 A는 컴퓨터 사용 능력이 떨어지지만 사람 만나는 일에 두각을 나타낸다. 직원 B는 낯을 가리는 소극적 성향 탓에 남들 앞에 나서는 일에 서툴지만 업무 처리 하나만큼은 야무지게 해낸다. 업무 성과를 내기 위해 당신은 당연히 컴퓨터 잘하는 B에게 서류 업무를 맡기고, 영업에 능한 A에게 영업처의 관리 업무를 맡겨야 한다. 이것이 아웃풋, 즉 성과에 집중하는 조직 운영의 순리다. 일을 거꾸로 맡기면 인풋과 과정에만 집중하는, 성과 없는 조직이 된다. 이 사실을 명심하면 네모난 못을 둥근 구멍에 우격다짐으로 밀어넣는 우를 범하지 않을 수 있다.

*

둘째, 일하는 자세와 태도를 배워야 한다.

우리 속담에 '될성부른 나무는 떡잎부터 알아본다'고 했다. 경영자나 인사권자는 이들이 누구인지 귀신같이 알아챈다. 회사에 들어온 신입 사원은 1년이 지나면 그 자질이 대충 드러난다. 그래서 어느 정도의 급까지 성장해나갈 재목인지 판가름이 난다.

국내 대기업 계열 제지 회사의 인사 담당자 K 차장은 이렇게 말한다.

"신입 사원의 대학 졸업 성적이나 어학 등 일반적인 스펙 수준은 비슷합니다. 아니, 하나같이 우수합니다. 그러나 실무에 투입되면 각기 다른 성과를 냅니다. 문제는 개인의 능력이 아니라 일에 대한 태도와 자세, 그리고 행동 습관입니다. 이것만 제대로 갖춘다면, 한 발 한 발 조금씩 발전해나가게 되어 언젠가는 자신과 조직을 위한 큰 꿈을 이루게 됩니다."

업무상 나는 가끔 교각 건설 현장에 간다. 처음에는 그 장대한 규모에 놀라고, 이내 시공 방법의 정밀함에 또 놀란다. 다리 만드는 일은 보통 강가 양쪽에서 시작해 강 한가운데서 마무리된다. 그렇기에 공사 초기의 방향 설정이 대단히 중요하다. 만일 초기 오류로 몇 밀리미터가 빗나가자면 그것은 마지막 단계에서 엄청난 차이로 양쪽을 어긋나게 한다. 같은 맥락이다. 회사의 조직원도 처음 일을 배울 때부터 잘 배워야 한다. 일을 제대로 해내는 힘을 갖춰야 한다. 시작할 때의 태도와 자세의 미세한 차이가 훗날 엄청난 결과의 차이를 가져온다는 것을 잊어선 안 된다.

*

일을 제대로 해내는 힘을 갖추기 위해선 어떻게 해야 할까? 업무에는 왕도가 없다. 처음부터 일 잘하는 사람은 없다. 우선 많이 경험하고 배우는 수밖에 없다. 실무 경험을 차근차근 쌓다 보면 좋은 성과가 나오게 마련이고, 또 그렇게 나아가다 보면 좋은 평가를 받아 진급하게 마련이다.

분명 조직에서 살아남으려면 평균을 넘어서야 한다. 창의적으로 일을 벌이고, 새로운 일을 찾아나서는 수준에 이르러야 한다. 이젠 스스로 하고 싶은 일을 만들어서 할 줄 알아야 한다. 회사의 앞날을 예측하고 필요한 일을 제안하는 사람이 되어야 한다는 말이다.

상사의 지시대로 일을 잘 처리하는 사람은 분명 좋은 인재다. 그러나 장차 한 조직의 리더로 성장하는 슈퍼인재가 되려면 스스로 하고 싶은 일을 만들어 상사까지 끌어들일 수 있어야 한다. 이를 위해선 먼저 시대의 흐름을 읽고 전략적으로 행동할 줄 알아야 한다.

진대제 전 정보통신부 장관은 "누가 훌륭한 인재인가?"라는 질문에 이렇게 답했다.

"일 잘하는 사람은 주어진 업무를 빈틈없이 제 시간 내에 잘해낸다. 나는 이런 사람들에게 물어볼 것도 없이 A를 준다. 그러나 A+는 내가 미처 생각하지 못한 것을 지적해내거나 스스로 남다른 창의적 방안을 만들고 해결해내는 사람들에게만 해당된다. 내가 생각한 대로 일을 해오는 사람은 A를 주지만, 나조차도 생각하지 못한 일을 해올 때는 A+를 준다."

*

값싼 노동력을 앞세워 저가 제품을 만들어내던 중국을 비롯한 신진 국가들의 기업이 이제는 기술력을 갖추고 우리 기업을 바짝 뒤쫓고 있다. 제품의 판매 마진은 점점 줄어들고 신제품 개발 주기 또한 점차 짧아지고 있다. 매일 바뀌어가는 경영 환경에서 자신에게 주어진 일 처리에 급급한 인재보다 더 넓은 시야를 가지고 도전하는 인재가 필요한 시점이다. 조직에서 생존을 넘어 성장하려면 기획력과 함께 도전정신이 필요하다. 자신이 몸담고 있는 회사와 더불어 내가 성장하기 위해선 끊임없이 도전해야 한다. 가장 쓸모없는 사람은 새로운 일에 항상 반대하면서 정작 자신은 도전하지 않는 인물이다.

회사에서 인정받아 성공하려면 지금부터라도 제대로 일을 해내는 힘을 갖추어야 한다. 일을 위한 자질과 실력을 갖추기 위해서 꾸준히 공부하라. 자신의 업무 능력이 부족하다고 판단된다면 자기계발을 하고 실전 경험을 통해 업무 능력을 높이자. 그리고 충분한 역량을 발휘할 수 있도록 늘 적극적으로 업무를 수행하려는 자세를 갖자.

*

03

일을 했으면
성과를 내라

월말 실적 마감 때가 다가오거나 연말연시 인사발령 철이 되면 유독 불면증이나 식욕 저하에 시달리는 직원들이 많다. 이런 직원들에게는 공통된 특징이 있다. 마음이 예민하다는 것이다. 그래서 나는 동료들에게 "기운이 없어 보이는 사원이 있으면 즉시 이야기해달라"고 부탁한다. 미리 발견해서 업무를 조정하거나 분담해주어 해당 직원의 사기를 진작시키려는 의도에서다.

주위를 둘러보면 열정 없이 회사생활을 하는 동료들을 심심찮게 볼 수 있다. 신입 사원 때 충만했던 열정은 모두 어디로 갔을까? 그리고 그 열정을 사라지게 한 원인은 무엇일까? 아마도 열정을 사라지게 하는 '블랙홀'은 바로 스트레스일 것이다. 주로 자신이 계획한 대로 업무가 잘되지 않거나, 인간관계가 뜻대로 풀리지 않을 때이 블랙홀에 빠진다. 그래서 의기소침해지고 좌절하게 된다. 한때 뜨겁게 타올랐던 열정은 성냥불처럼 스르르 꺼지고 만다.

성과를 내기 위해선 이것만 기억하면 된다.

'자신이 맡은 업무는 어떤 일이 있어도 끝까지 해내고, 실적이 저조하거나 일이 잘못되었을 때에도 핑계를 대지 않는다.'

나는 업무를 끝까지 해내기 위한 두 가지 원동력을 '열정'과 '책임감'에서 찾는다.

일을 끝까지 잘해내기 위해선 재능 외에도 열정이 필요하다. 어떤 일을 추진하는 데에서 리더와 부서원이 열정을 가지고 있다면 이미 반은 이룬 것이나 다름없다. 아무리 뛰어난 천재도 결국에는 열정이 없으면 사공 없는 돛단배가 되기 십상이다. 확실히 열정은 천재의 재능보다 더 낫다.

직장 안에 열정을 가지고 궂은일을 도맡아하며 솔선수범하는 긍정적인 직원이 몇 명만 있다면 그 회사는 순풍에 돛을 단 배처럼 잘나갈 것이다. 류랑도 대표는 저서 『일을 했으면 성과를 내라』에서 일할 때 열정이 중요하다는 사실을 강조했다.

한 번 일을 시작했으면 끝장을 봐라. 한 번 일을 시작했으면 끝까지 밀고 나가는 추진력이 있어야 한다. 어물거리다가 일의 흐름이 끊길 수도 있다. 이럴 땐 다시 자리 잡기에는 시간이 걸린다. 일에 절대로 끌려다니지 말라. 일은 내가 제압해야 할 대상이다. 열정을 가지고 직장생활에 임하면 안 될 일은 없다.

*

기계가 발달하고 그것이 인력을 많이 대체하게 되었다지만 그럼에도 결국 핵심적인 일은 사람이 하게 되어 있다. 그래서 우수인재일수록 '누구와 같이 일하게 될 것인가?'를 많이 따진다. 한번 자문해보자.

'오늘도 나는 동료들에게 열정 있는 사람으로 비춰졌는가?'

본래 열정(Enthusiasm)이라는 단어는 라틴어의 어원으로, '안에 신을 둔다'는 의미를 갖고 있다. 조직 내에서 '그 안에 신을 둔 사람'과 같이 일해본 적이 있는가? 열정은 자신의 잠재력을 발휘할 뿐만 아니라 함께하는 사람들까지 고무시키는 원동력이 된다. 진대제 전 정보통신부 장관은 어떤 직원을 제일 싫어하느냐고 묻는 어느 기자의 질문에 이렇게 답했다.

"나는 무슨 일을 할 때 지레 안 된다고 하는 사람을 가장 싫어한다. 무슨 일이든 일단 반응이 부정적으로 나오는 사람은 좋아하지 않는다. 또 남의 탓을 하는 사람, 핑계가 많은 사람도 좋아하지 않는다."

진 전 장관뿐만 아니라 조직 내 모든 관리자가 이런 직원을 좋아하지 않는다. 대신 도전정신이 충만한 직원에게는 자신이 맡은 일에서 실패를 했더라도, 그가 최선을 다해 그 일에 임했다면 당연히 참아주고 새로운 기회를 주곤 한다.

열정과 일의 관계는 불씨를 기다리는 장작과 같다. 혹시 당신이 학벌, 경험 등이 부족하다면 그만큼 열정을 갖고 일을 하라. 강한 열정은 당신의 부족한 부분을 채워주기 때문이다.

*

나는 후배들에게 "맡은 일에 최선을 다하라. 시간을 낭비해서는 안 된다"라고 말한다. 인생은 시간의 지배를 받는다. 그러니 지금 몸담고 있는 그 자리에서 최선을 다해 일해야 한다. 그래야 남은 인생도 술술 풀릴 실마리를 잡게 된다.

박순호 세정그룹 회장은 이렇게 말했다.

"나는 지금껏 앞만 보고 열심히 살아왔다. 그건 다른 경영자들도 마찬가지일 거다. 그런데 원칙이 하나 있다. '돈은 뒤로, 일은 앞으로'이다. 즉, 돈을 벌기 위해 일을 하는 게 아니라 무수한 아이디어를 내고 성취하는 기쁨에 취해 일을 하는 것이다. 그렇게 일해왔더니 돈이 뒤에서 따라왔다."

*

성과를 내기 위해선 책임감을 가지고 일해야 한다. 기왕에 책임 감을 가지고 일하는 직원은 실수하거나 일이 잘못되어도 핑계대지 않는다. 책임을 지고 실수를 만회하려고 대응책을 마련한다. 그래 서 나는 우수인재란 다른 어느 직원들보다도 훨씬 커다란 책임감과 영향력을 가진 직원이면서 동시에 리더의 역할을 분담하는 최고 인 재라고 생각한다.

자신의 임무를 완수하고자 노력하면서 리더의 책임까지 덜어주 고자 노력한다면 분명 팀장이나 인사권자의 신임을 얻을 수 있다. 그래서 미국의 경영학자 피터 드러커는 책임감의 중요성을 이렇게 표현했다.

"책임은 '내'가 지고, 명성은 '우리'가 얻는다면 조직은 믿음이 생긴다."

또한 이탈리아의 혁명가이자 통일운동의 지도자였던 주세페 마 치니는 이렇게 말했다.

"부하의 잘못을 자기의 책임으로 돌리는 사람은 훌륭한 지도자 다. 어리석은 지도자는 자기 잘못까지도 부하의 책임으로 돌린다."

류랑도 대표 역시 저서 『일을 했으면 성과를 내라』에서 일할 때 핑계대지 말고 자신의 실수는 인정하고 고치도록 조언한다.

물귀신 작전을 쓰지 말라. 자신의 잘못을 남에게 덮어씌우거나 물 고 늘어지지 말자. 언젠가 나도 똑같이 당할 수가 있다. 자신의 잘 못은 스스로 깨달아 다시는 실수하지 않도록 다짐해야 할 것이다.

*

이렇게 물귀신 작전으로 남에게 피해를 준다면 나도 당할 날이 올 것이다.

자신이 처한 환경이나 상황을 핑계 삼거나 원망해봤자 아무런 소용이 없다. 언뜻 듣기에 그럴싸한 변명일지라도 나 자신을 더 깊은 수렁 속으로 빠져들게 하는 변명일 뿐이다. 핑계를 대지 않고 현실을 인정하면 다음에는 실패하지 않고 제대로 된 실력을 발휘할 수 있다. 성공하고자 한다면 어떤 일이 있어도 핑계를 대선 안 된다.

요즘 경기가 어렵다 보니, 실무진이나 경영진이나 갈수록 조직 내에서 책임은 많아지고 입지는 점점 좁아지는 추세다. 이때 업무를 대하는 자신만의 철학이나 개념이 없다면 스트레스가 쌓이게 된다. 자라온 환경과 성격이 다른 사람들과 한데 어울려 일하는 조직에서 성공하려면 '내가 맡은 업무는 어떤 일이 있더라도 끝내버리겠다'는 열정을 가져야 한다. 그 굳은 결심에서 제대로 된 실력이 발휘되기 때문이다.

*

04

칼퇴근하면서도
일 잘하는 사람이 되라

경제위기가 닥치기 몇 년 전까지만 하더라도 일반 직장에서 개인의 개성과 자유주의를 추구하는 젊은 사원을 주축으로 매일 여섯 시에 칼퇴근하는 무리들이 있었다. 주위 동료들은 그들을 겁 없는 '용감한 녀석들'이라고 말했지만 그들은 전혀 아랑곳하지 않고 여섯 시 정시퇴근을 했다. 그러나 지금처럼 경제가 어려운 시기에 '칼퇴근'했다가는 언제 '칼 해고'를 당할지도 모를 일이다. 조직에서 생존하자면 아침부터 늦은 밤까지 마치 돌아갈 집이 없는 사람처럼 회사에 충성을 다하는 모습을 보여줘야만 할 것 같은 요즘이다.

회사에서 인정받기 위해선 칼퇴근하면서도 야근하는 이보다 일 잘하는 사람이 되어야 한다. 혹자는 절대 불가능하다며 고개를 가로저을지 모르겠다. 그러나 업무 능력과 합리적 업무 스타일이라는

*

두 가지 요건만 갖춘다면 누구라도 충분히 가능하다.

자신에게 탁월한 업무 처리 능력이 있는지 돌아보자. 탁월한 업무 처리 능력은 업무와의 싸움에서 이길 때 갖출 수 있다. 야근을 밥 먹듯이 하는 직원들은 "일은 매일 처리해도 끝이 없고, 매일 야근해도 오히려 점점 더 늘어나는 것 같다"며 푸념을 쏟아낸다.

하지만 야근의 악순환에서 빠져나오는 방법은 분명 있다. 업무 프로세스를 개선하고 새로운 업무 처리 방법에 대해 고민하면 된다. 보통 야근을 많이 하는 조직은 항상 바쁘다는 말을 입에 달고 살면서도 일상적으로 반복되는 일에 오히려 머리를 쓰지 않는다. 목표는 높게 잡으라는 말이 있듯이 업무에서도 내 능력의 최대치까지 성과를 끌어올린다는 생각으로, 올림픽 출전 선수처럼 매번 나만의 신기록 달성을 향해 나아가야 한다.

류량도 대표는 『일을 했으면 성과를 내라』를 통해 일벌레라고 해서 무조건 성과를 내는 건 아니라고 했다. 그러면서 그는 도전적인 목표 설정을 강조했다.

같은 시간에 빨리 성과를 내려면 탁월해야 한다. 평균의 지배를 벗어나라. 중간만 가야지 하는 생각은 버리는 것이 좋다. 내가 나서서 스스로 기록을 깬다는 목표를 설정해야만 그 엇비슷하게라도 다가갈 수 있기 때문이다. 중간치로 목표를 설정한다면 중간도 못 갈 수 있다. 평범한 나를 벗어나 내가 강점인 것을 무기로 삼아 상위 10퍼센트가 되도록 노력해보자.

*

평균을 생각하면 평균적인 결과가 나온다. 따라서 지금껏 자신의 능력을 넘어서는 혁신을 이루는 데에 초점을 맞추고 달려가야 한다. 그러기 위해선 새로운 업무 처리 방법을 생각하고 공부할 시간을 만들어야 한다. 전문성을 높이기 위해 매일 공부하고 자기 분야를 연구할 때 나의 가치를 높이는 무기를 만들 수 있다.

『리틀 빅씽』을 저술한 경영의 그루 톰 피터스는 이렇게 말했다.

공부하라. 정말 공부하라. 27세도 공부하고 47세도 공부해야 한다. 나처럼 내일모레 칠순인 사람도 공부해야 한다. 공부하라!

그가 이토록 공부를 하라고 외치는 이유는 공부 속에 탁월함이 숨어 있기 때문이다.

업무에서 탁월해지려면 미리 생각하고 또 미리 준비해야 한다. 나는 매일 잠자리에 들기 전에 내일 할 일을 머릿속에 떠올려본다. 퇴근 전에 미리 다음 날 업무를 파악한다. 당일 아침에 부랴부랴 점검하고 서둘러 일에 착수하는 것보다 미리 생각하는 과정을 거치면 일하는 데에서 훨씬 효율이 높고 수월하다. 이미 머릿속에 전략이 서 있기 때문이다. 계획을 먼저 세우고 일정에 따라 일을 진행하는 사람은 여유가 있어 그만큼 실수가 적다.

탁월해지고자 한다면 시간을 생산적으로 활용해야 한다. 이동 중에 처리 가능한 업무는 끝내라. 메일 확인이나 간단한 거래처 통화는 이동하는 시간을 활용하는 것이 바람직하다. 시간에 쫓기다

＊

보면 판단력이 흐려져 눈앞에 놓인 기회마저 놓치게 된다.

탁월한 업무 처리 능력과 더불어 업무에 집중해서 일하는 자세를 가져야 한다. 대부분의 성과는 얼마나 몰입하느냐에 달려 있다. 『대한민국 희망보고서 유한킴벌리』에서 문국현 전 사장은 스스로 직원들의 마음을 움직이는 중요성을 3H 경영으로 표현했다.

직원들의 손(Hand)을 움직였을 때에는 잠재 능력의 20~30퍼센트를 끌어낼 수 있을 뿐이지만, 머리(Head)를 움직이는 지식노동자로 양성하면 40~50퍼센트의 잠재 능력을 발휘하게 할 수 있고, 마음(Heart)까지 움직인다면 잠재 능력의 120퍼센트를 끌어내는 것이 가능하다. 사람의 능력은 발에만 있는 것이 아니라 머리에도, 그리고 가슴에도 있다는 것을 마음속 깊이 느꼈다.

문 전 사장은 좋은 리더이다. 그는 직원들이 마음을 다해 업무에 임하도록 유도하는 일의 중요성을 잘 알고 있었다.

사람은 스스로 마음에서 우러나 일할 때 가장 신 나게 일할 수 있다. 직원 스스로 업무 관련 일 외에는 시간 사용을 자제하고 업무에 집중하는 분위기를 조성하면 제한된 근무 시간에 원하는 성과를 올릴 수 있다. 집중하여 일하는 분위기가 지배적인 조직은 당연히 카톡, 인터넷 쇼핑, 쓸데없는 SNS로 시간을 허비하지 않는다.

경영층이 열성적인 업무 태도를 이끌어내기 위해 퇴근 이후의 시간에 업무 처리를 잘하기 위한 자기계발에 재정적인 지원을 해주

*

면 금상첨화다. 회사 사정이 어려워 직원 개개인에게 금전적인 지원을 못하더라도, 업무 능력을 높이기 위한 공부나 업계 트렌드 파악, 업무와 관련한 인간관계를 넓히도록 권하는 회사 분위기 조성은 반드시 필요하다.

정시퇴근을 위해서는 시간을 잘 활용해야 한다. 나는 점심시간을 한 시간을 다 채워서 쉬기보다 10분 전에 오후 업무 진행을 검토하고 진행한다. 시간상으로는 비록 10분에 불과하지만 그렇게 할 때 업무에 임하는 태도가 확연히 달라진다. 물론 효과는 투자한 10분 그 이상이다.

티타임이나 흡연 같은 휴식은 큰 업무가 정리된 후에 갖도록 한다. 물론 금연을 시도하거나 성공하면 건강에 도움이 되는 동시에 시간 절약 효과도 있다. 그렇다고 무조건 일벌레가 되어 일만 하라는 말은 아니다. 몸이 피곤할 때는 좋은 생각이나 아이디어가 떠오르지 않기 때문에 때로는 편안히 휴식을 취하는 것도 좋다. 휴식을 취하고 나면 업무에 대한 새로운 의지가 샘솟음을 느낄 수 있다. 성과를 내는 인재들은 머리가 맑을 때 중요한 결정들을 내림으로써 성공한다.

칼퇴근하면서도 야근하는 조직보다 일을 잘하기 위해선 회사 전반적으로 늘 계획을 짜고 업무 효율을 높여야 한다. 이런 시도가 없으면 조직에 좋지 않은 '잔업 습관'만 남게 된다. 내가 계획적으로 일하지 않으면 동료 또한 힘들어진다는 사실을 항상 염두에 두자.

*

회사의 분위기가 칼퇴근하면서도 야근하는 사람들보다 더 일을 잘하는 분위기가 조성되면 자연히 야근하는 직원들이 줄어들 것이다. 자연히 노는 건지 일하는 건지 모를 정도의 근무태만도 사라질 것이다. 정시에 칼퇴근하는 사람에 대한 반감도 사라질 것이다. 칼퇴근을 함으로써 직원들은 가족에 대한 배려를 할 수 있게 되니 점차 합리적으로 근무하는 조직으로 변해갈 것이다.

*

05

말이 통하는 사람이 되라

안철수 의원은 안철수연구소 대표이사 시절 커뮤니케이션에 대해 이렇게 말했다.

"나는 특히 커뮤니케이션을 많이 강조합니다. 한 사람이 가진 역량의 크기는 '전문지식×커뮤니케이션 능력'이라는 수학식으로 도출 가능한데요. 전문지식을 많이 쌓았다 하더라도 커뮤니케이션 능력이 0점이라면 그의 역량은 '0'이 되는 것이죠."

나도 그의 말에 공감한다. 직장과 가정, 인생에서 생기는 문제들 중 열에 아홉은 주변 사람들과 효과적으로 소통하지 못하기 때문에 생겨난다. 서로 통하지 못하고 꽉 막혀 있으니 오해하거나 불만이 생겨나는 것이다. 알고 보면 별 문제도 아닌데 서로 마음에만 담고 있는 탓에 문제가 확대되기도 한다.

✳

국내 굴지의 철강 제조 회사 H사 인사팀에서 근무하는 후배와 '사람을 뽑을 때 인성 중 어떤 부분을 가장 많이 고려해야 하는가?'에 대한 이야기를 주고받았다. 그는 이렇게 말했다.

"우리는 우선 두 가지를 봐요. 첫째는 리더십, 즉 다른 사람을 동기부여해주고 신 나게 해서 저절로 일하게 만드는 능력이죠. 둘째는 소통 능력, 바로 '말이 통하는가'입니다. 커뮤니케이션 능력이 있어야 뽑아요. 요새는 소통 능력이 리더십과 업무 능력에 버금가는 중요한 인재 선발 기준이죠."

제대로 된 성과를 내는 사람들은 하나같이 소통의 달인들이다. 소통 속에서 혁신적인 아이디어가 나오고 때로 어려움에 부딪힐 때 자신을 구원해주는 동아줄이 나온다.

그렇다면 말이 통하는 사람이 되기 위해 어떻게 해야 할까? 나는 말이 통하는 사람이 되는 비결로 '적극성'과 '경청' 두 가지를 들고 싶다.

첫째, 적극적 소통이다.

쉽게 말해 죽기 살기로 커뮤니케이션해야 한다는 말이다. 모든 기업과 조직이 마찬가지이지만, 상사는 어렵게만 느껴지고 부하 직원과는 공감대 형성이 쉽지 않다. 그러나 효율적인 의사소통 여부가 기업 성과의 성패를 좌우하기 때문에 때로는 허심탄회하게 불평불만을 털어놓을 수 있는 분위기가 조성되어야 한다.

회사에서 승승장구하고 핵심인력이 되기 위해선 '함께 일하는 직원들과 소통을 멈추지 않는다'라는 자신만의 철학을 가지고 있어야 한다. 서로 말조차도 꺼내기 어려워하고 속마음을 이해하지 못하는데 무슨 소통이 시작되고 어떻게 문제 해결이 가능하겠는가. 서로 통하기 위해선 내가 먼저 마음을 열고 적극적으로 다가가야 한다. 즉, 민감한 사안에 대해서 '나도 너도 용기를 가지고 접근해야 문제가 드러나고 비로소 해결의 서광이 비춰진다.

업무상 가끔 거래처 쪽 회의에 참석하노라면, 리더 혼자만 이야기를 하고 구성원들은 조용히 듣고만 있는 광경을 보게 된다. 그러나 회의 때만 이런 모습이 아니라 평소에도 '침묵하는 조직'이라면 곧 '침몰하는 조직'이 되기 쉽다. 리더가 회의 때조차 혼자 말하면 리더의 계획이나 의도가 실무자에게 명확히 전달되었는지 알 수 없고, 솔직한 소통이 없는 가운데 창의성이 발휘되기란 어렵기 때문이다.

리더들과 상담해보면, 의외로 팀원들과 소통하는 법을 모르거나, 알아도 실제 의사소통에 소홀한 사람이 많다. 본인이 지레짐작으로 '인트라넷 게시판에 올라왔으니까 말하지 않아도 알겠지', '메일로 보냈으니 다들 클릭해봤겠지' 하고 넘어가는 것이다. 팀장뿐만 아니라 말단 사원이라도, 조직 내 공지사항을 적극 알리고 세부사항을 점검해야 한다. 자기 편할 대로 생각해 구성원들이 잘 알 거라고 믿고 적극적 의사소통에 소홀한 인재는 직장생활의 핵심을 많이 놓치고 있는 셈이다. 왜냐하면 의사소통과 정보 공유만 잘되어도 직원들의 사기, 일할 의욕, 창의적 분위기가 몰라보게 향상되기

*

때문이다.

중국에서 우수한 경영 관련 칼럼을 많이 써낸 뤼궈룽은 『경영의 지혜』에서 적극적인 소통의 중요성을 이렇게 말한다.

> 한 연구에 따르면 같은 정보에 대해 30퍼센트 사람들만이 완전하게 받아들이고, 나머지 70퍼센트 사람들은 일부만을 받아들인다. 기업의 문제 중 70퍼센트는 의사소통의 장애로 야기된다. 경영자들은 실제로 70퍼센트의 시간을 의사소통을 위해 사용한다.

직원들 간의 소통이 얼마나 절실하면 그 바쁜 경영자가 70퍼센트의 시간을 의사소통에 적극 쏟아 붓겠는가? 그래서 입사 후 줄곧 조직 내 소통 방법에 대해 생각해왔던 내게는 '소통이 곧 관계'라는 말이 소중하다 못해 때로는 비장하게 다가오기까지 한다.

답답한 사무실 내에서는 허심탄회하고 적극적인 대화가 오가기 어렵다. 직위에 따라 사무실에서는 솔직하게 털어놓을 수 없는 이야기들이 많다. 과거에는 술집에서 허물없이 술잔을 주고받으면서 팀의 결속을 다졌다. 하지만 이제는 시대가 달라져 신세대 직원들은 상사와 술자리를 피하거나 어려워한다. 또 늦게까지 술집에서 이야기를 나누기에는 여성에게 밤늦은 귀갓길이 너무나 험하다 보니, 자연히 참가 인원이 제한적이다.

요즘 기업들이 야유회, 워크숍을 자주 마련한다. 의사소통 면에서 환영할 만한 일이다. 보통 상사도 부하 직원도 사무실에서는 자

*

유로이 말할 기회가 없다. 하지만 밖으로 나오면 대화를 방해하는 요소, 즉 직급과 위계질서라는 장벽을 무너뜨리고 모두가 자유롭게 이야기할 수 있다. 그래서 나는 야유회와 워크숍을 적극 권장하고 그런 기회가 있으면 반드시 참가하는 편이다. 함께 뜻 깊은 시간을 보내면서 소통까지 할 수 있다니! 이보다 좋은 기회가 또 어디 있겠는가? 결과적으로 조직의 결속력을 높일 수 있으니 일석이조라고 생각한다.

둘째, 경청의 중요성이다.

서로 불만이 있거나 감정적 갈등 상태에 있을 때 혹은 협상이 더 이상 진전되지 않을 때를 경험해보았을 것이다. 이때는 내 의견만 내세우기보다 상대의 이야기를 들어보고 서로 대안을 찾아보려는 노력을 해야 한다.

*

말이 통한다는 의미가 말을 잘한다는 것과 동의어는 아니다. 즉, 말이 통하는 사람을 100점이라고 할 때 말을 잘하는 달변가인가 여부는 30점밖에 되지 않는다고 생각한다. 오히려 70점 이상은 잘 듣는 데서 나오고, 모든 화해와 협력은 역지사지의 정신으로 상대의 입장에 서본 뒤 대안을 마련할 때 이뤄진다.

회사에서 커뮤니케이션의 가장 큰 목적 중 하나는 목표를 이루기 위해 상대방이 내 뜻을 따르도록 하는 것이다. 그런데 내가 강하게 주장을 펼칠 때보다 오히려 귀 기울여 상대의 말을 들어줄 때 영향력이 크고 당초 목표 또한 쉽게 이룰 수 있다. 그래서 가장 훌륭한 대화 상대는 가장 훌륭한 경청자다.

요새 IT 산업의 발전에 힘입어서 의사소통 도구는 너무나 빠르게 진화했다. 인터넷과 스마트폰 등 각종 통신 장비가 넘쳐난다. 그러나 옛말에 '구슬이 서 말이라도 꿰어야 보배'라고 했다. 아무리 인터넷이 발달하고 LTE급 통화 품질을 자랑해도 사람끼리 소통하고자 하는 의지가 없으면 이 모든 문명의 이기는 빛 좋은 개살구에 불과하다.

세상에 남의 의견을 무시해도 좋을 만큼 완벽한 사람은 없다. 함께 일하는 회사에서 상대의 조언을 경청하고 귀 기울일 줄 모르는 사람은 독불장군이라는 말을 듣기 쉽다. 내 생각이 아무리 분명하고 확실한 것 같아도 창의적인 시각에서 바라보고 다른 의견과 가능성을 들어보면 예측하지 못한 실패를 사전에 피할 수 있다. 그래서 서로 통하는 커뮤니케이션에는 남의 말을 잘 경청하는 능력이 꼭 필요하다.

거듭 말하지만 경청은 가장 효율적인 의사소통 방법 중 하나다. 먼저 상대의 말을 경청한 후 입을 여는 것이 좋다. 그래야 서로의 이해 수준을 높이고 함께 소통할 수 있다. 상대의 눈을 바라보며 진솔하게 그 말을 들어주는 동안 가치를 공유할 수 있고 어려울 때 서로 돕는 진정한 아군으로 거듭난다.

누구든 말이 통하는 사람과는 더 많은 이야기를 나누고 싶어 한다. 기꺼이 친구가 되고 어려움에 빠졌을 때 도와주고 싶어 한다. 회사에서 제대로 일하고 싶다면 말이 통하는 사람이 되라. 상대 말에 귀 기울인 후에 자신의 의견을 말하자. 관계의 달인은 상대에게 말하기 전에 먼저 들어줄 줄 안다. 내 의견은 그다음에 내놓아도 늦지 않다.

*

06

때와 장소에 걸맞은
매너를 갖춰라

행동하는 방식이나 자세를 말하는 '매너(manner)'는 원래 라틴어 '마누아리우스(Manuarius)'에서 유래했다. 마누아리우스는 손 또는 행동을 의미하는 '마누스(manus)'와 방법 혹은 방식을 뜻하는 '아리우스(arius)'가 합쳐진 말이다. 사람이라면 누구나 기본 매너를 갖추고, 상하급자 간 예절을 지켜야 하며, 특히나 직장생활 가운데 때와 장소에 맞는 매너를 익히고 실천해야 한다. 내가 상대에게 아무리 좋은 마음을 품고 있더라도 사람과 사람 사이는 예절과 형식이라는 그릇에 담아 전달해야만 나의 진정성과 내용이 더욱 돋보인다.

요즘 우리가 일하는 직장을 잘 살펴보면 눈에 보이는 직장 업무 환경은 갈수록 개선되고 있다. 하지만 동료들 간의 직장 내 기본 매

*

너나 상하급자 간 예의범절을 전혀 지키지 않는 경우가 많다. 이미 선진국과 어깨를 견줄 만한 경제 수준에 비해 매너 수준은 여전히 낮다는 말이다. 실제 취업포털 '사람인'이 직장인 982명을 대상으로 온라인 설문 조사를 한 결과를 보면, 40퍼센트 이상의 직장인들이 매일 무례한 행동으로 고통받고 있었는가 하면, 이들 중 절반 이상(50.3%)은 직장 내 개념 없는 행동이 줄기는커녕 오히려 늘고 있다고 응답했다.

그렇다면 다 자란 성인들이 도대체 왜 점점 직장 내에서 매너를 지키지 않는 것일까? 이유는 모두가 일터에서 너무 성과 올리는 데 치중하고 있는 반면, 직원 간 상호 존중과 인간적 배려는 뒷전이라는 데 있다. LG경제연구원의 원지현 선임연구원은 직장 내 확산된 경쟁과 목표 달성 중심의 조직 분위기가 매너 없는 삭막한 직장 환경의 가장 큰 원인이라고 분석하며 이렇게 말했다.

"성과에 대한 불안감이 극도로 높은 경우, 사람은 본능적으로 자신의 생존을 가장 중요하게 생각한다. 이때는 타인에 대한 배려보다는 남에게는 무례한 행동을 할 가능성이 높다."

그렇다면 직장 내 매너를 지켰을 때와 지키지 않았을 때의 차이를 비교해보자.

우선 매너를 지키면 서로가 존중하고 격려하는 분위기가 형성되어 조직 내 상승 효과, 시너지 효과가 일어난다. 특히 가까운 사이일수록 더 예의를 갖추고 상호 언행을 주의한다면 서로의 신뢰감은 더욱 증폭되어 한마디로 회사생활을 할 맛이 난다.

*

반대로 매너를 지키지 않았을 때는 불쾌한 감정이 생겨 업무에 대한 열정이 사라질뿐더러 조직은 곧 활력을 잃고 만다. 여기에 상호 간 매너마저 지키지 않고 자신의 살길만 외친다면 조직은 곧 침몰하고 마는 배가 된다. 일자리가 불안하니까 우선 나부터 살고 보자는 경향이 점점 짙어지는 와중에 상사마저 반말을 하고 불합리한 업무 지시를 강요한다면 어떻게 되겠는가?

인간은 자기가 존중받고 있고 중요한 사람이라는 생각이 들 때 역량을 발휘해 성과를 낸다. 그런데 수직적 조직 구조 속에서 상사가 인사도 잘 받아주지 않거나, 오히려 남의 사생활에 간섭하면서 성과만을 외친다면 스트레스가 가중되어 일할 맛이 나지 않는다. 이런 환경에서 과연 직장생활을 얼마나 버틸 수 있을까? 구성원들은 동료의 험담을 일삼거나 끝내 이직을 하기도 한다. 이런 상황에서 어떻게 창의적인 아이디어가 나올 수 있을까?

그렇다면 상사의 입장은 어떨까? 경기침체가 더욱 심해지는 가운데 회사가 원하는 업무 강도는 감당할 수 없을 만큼 높아진다. 게다가 부하 직원의 말대꾸나 험담 등 예의 없는 행동으로 이중고에 시달린다. 이런 상태가 계속되고 나아가 심해지면 아무리 인내심 있는 상사라도 스트레스를 못 이기고 좌절하게 마련이다.

회사는 부하 직원이나 상사 가운데 한쪽만 잘해선 안 된다. 양측이 더불어 잘해야 인간관계의 격이 높아질뿐더러 회사도 성과가 나고 성장한다. 그래서 상사와 부하 직원 간의 매너, 동료들 간 매너는 대단히 중요하다. 그렇다면 특별히 염두에 두어야 할 중요한 직장 매너에는 무엇이 있을까?

먼저 직장에서는 인사를 잘해야 한다.

인사는 인간관계의 첫 시작이다. 인간관계에서 인사의 중요성은 아무리 강조해도 지나치지 않다. 우선 인사를 잘하면 상대방에게 좋은 인상을 심어주게 된다. 조금 과하게 말하면 반은 먹고 들어간다. 먼저 활기차게 인사하고 웃으면서 악수하면 서로에게 좋은 에너지가 전달된다.

일터에 출근하자마자 우렁차게 "안녕하십니까?" 하고 인사하는 사람은 대개 인간관계도 술술 잘 풀리는 편이다. 누구나 좋은 기운을 내뿜는 사람과 함께 일하고 싶은 것이 인지상정이다.

입사 후 신입 사원 때 당시 팀장이 내게 이런 조언을 해주었다.

"직장생활 처음 시작부터 인사를 잘해야 한다네. 그러면 자네의 네트워크가 발전하고 그 인간관계들이 결국 자네의 인생을 바꾸게 된다네."

다음은 대화 매너다.

직장 내 대화에서는 말하기보다 듣기 측면을 강조하고 싶다. 신은 우리에게 귀는 두 개, 입은 오직 하나만 주었다. 그 하나뿐인 입은 숨 쉬고 밥 먹고 노래하는 데도 써야 하기에 참 바쁘다. 대신 귀는 듣는 용도로만 주었다. 그래서 나는 경청은 조물주의 원리에 순응하는 대화법이라고 생각한다. 경청할 때는 특히 공감하는 경청을

*

해야 한다.

공감하는 경청이란 무엇일까? 우선 그 사람을 있는 그대로 인정하는 것이다. 대화 상대가 힘들어할 때는 대안을 제시하기보다 옆에 있기만 해도 힘이 된다. 조언을 들을 마음의 준비도 안 된 상대 앞에서 내가 먼저 주절주절 근거 없는 '개똥철학'을 늘어놓기보다 대화가 이뤄지는 지금의 자리에서 그 사람의 감정을 존중하면서 들어주는 것이 좋다.

한편, 대화 시에는 표준어를 사용하자. 오래 사용해온 사투리가 안 고쳐지면 어쩔 수 없지만, 최소한 저속한 은어나 비어는 쓰지 말아야 한다. 또한 말은 그 사람의 품격을 나타내므로 올바른 호칭을

사용하자. 다음의 표현들 중 어느 것이 부드러운가?

> A : 미스 김, 여기 차 한 잔!
> B : 김미애 씨, 바쁘겠지만 여기 손님께 차 한 잔만 부탁해도 될
> 까요?

물어볼 필요도 없이 후자다. 올바른 호칭을 사용하면 상대도 기분 좋지만 오히려 나의 품격이 올라가는 효과가 있다.

매너 있는 태도에 대해 설명을 계속하자면 끝이 없다. 조관일 창의경영연구소장은 저서 『비서처럼 하라』에서 핵심인재들의 성공 방식 중 하나로 좋은 매너를 들었다.

아무도 지적하지 않지만, 가장 꼬투리 잡히기 싫은 게 매너다.

회사에서는 매너가 나쁘다고 그 누구도 대놓고 "당신은 기본 매너가 안 되어 있다. 지금 당장 고쳐라"라고 선뜻 말해주지 않는다. 어디를 가든 진실한 충고를 들을 기회는 사실 그리 흔치 않다.

솔직히 나 역시 신입 사원으로 들어와 직장생활을 하면서 '이럴 땐 어떻게 하지?' 하고 의문이 생길 때가 한두 번이 아니었다. 고민 끝에 어려움이 있을 때마다 선배들에게 물어보면서 답을 구했다. 그리고 내가 모든 사례를 직접 경험해볼 수 없기 때문에 평소 틈이 날 때마다 직장 매너에 대한 강의를 듣거나 관련 서적으로 공부했

*

다. 주된 것은 출퇴근 시 매너, 근무 시 매너, 상하급자 간 기본 매너, 회의 매너 등이었다. 그것들을 직접 실생활에 적용했을 때, 그 긍정적 효과와 삶에 미치는 변화는 정말 기대치 이상이었다. 미묘한 갈등관계에 있던 동료들과 친해졌는가 하면, 기존 수행 업무 완수 후 서로 헤어질 때에는 다음에도 기회가 되면 같이 일해보자며 몇 번씩 악수를 청해왔다. '구성원끼리 서로 기본 매너를 갖추고 존중해준다'는 신뢰가 생기자 덩달아 업무 성과도 개선되었다.

같이 조금만 일해보면 그 사람의 됨됨이를 알 수 있다. 매너가 좋은 사람은 인간관계 지수가 좋다. 상대의 마음을 편하게 해주는 매너를 갖춘 직원이 윗사람의 마음을 쉽게 얻고 승진도 빠르게 한다. 이들이 실제로 빼어난 외모, 화려한 미모를 갖춘 직원보다 평판도 좋은 편이다.

지금 몸담고 있는 직장에서 '사오정', '오륙도'가 되지 않고 승승장구하려면 꼭 직장생활에서 때와 장소에 걸맞은 매너를 갖도록 하자. 상사는 능력과 함께 매너를 갖춘 '품격 있는 부하 직원'을 사랑한다.

*

07

함께 일하고 싶은 사람이
되라

인간은 과연 어느 정도의 돈을 가지고 있을 때 가장 행복할까? 영국 워릭대학교 연구팀에 의하면 '가장 행복감을 느끼게 하는 액수는 100만 파운드(약 18억 원)'라고 한다. 그러나 연구팀은 돈이 있다고 해서 다 행복한 것은 아니고 일에서의 성취감, 만족스런 결혼 생활, 건강 등도 행복을 결정하는 주요 변수라고 했다.

그렇다면 직장인은 어떨까? 직장인으로서 행복감을 느끼기 위해서는 승진과 연봉이 중요하다. 하지만 그 이상으로 동료와의 친밀감, 상호 이해와 협력, 격려와 칭찬, 나눔과 감사 같은 인간적 무형자산이 필요하다. 매번 후배 사원들에게 누누이 강조하지만 회사에서 집중해야 할 대상은 사람이다.

회사에서 차지하는 사람의 중요성에 대해서는 P&G의 전 회장

리처드 듀프리가 한 말에 잘 나타나 있다.

"누가 우리의 돈, 건물, 브랜드를 남겨놓고 직원들을 데리고 떠 난다면 우리는 쫄딱 망할 것이다. 그러나 그 모든 것을 가지고 가더 라도 직원들을 남겨둔다면 우리는 10년 안에 반드시 일어선다."

일부 직장인은 눈앞의 돈벌이에만 열중하여 주식 투자나 부업 에 손을 대곤 한다. 물론 월급만으로 버티기 힘든 심정, 이해 안 가 는 바는 아니다. 하지만 그렇다고 해서 자신의 주된 업무에 소홀하 면서 딴짓을 해선 안 된다. 이는 나를 고용해서 월급을 주는 회사에 대한 예의가 아니다.

직장인은 가능한 한 많은 사람과 교류하고 네트워크를 형성해 서 '사람벌이'를 해야 한다. 돈도 중요하지만 인간관계가 필수적인 것이다. 우선 '사람벌이'가 잘되고 인맥이 넓어질수록 스스로 나아 지고자 하는 자극을 받을 수 있고, 그게 반복되면 결과적으로 자신 의 직장생활에 큰 무기가 된다. 직장인으로서 즐겁게 일하고 싶다 면 누구에게나 함께 일하고 싶은 사람이 되어야 한다.

어느 회사든지 리더들은 소위 팀워크를 강조한다. 그래서 한 경 영자는 "평범한 사람이 모여 뛰어난 성과를 내고, 약자들의 협력으 로 강자를 이기는 것은 경영의 묘미 중 하나다. 관건은 바로 팀워크 다"라고 했다.

텔레비전 프로그램 〈동물의 왕국〉을 보면, 밀림의 왕자 사자는 자신보다 몸집이 몇 배나 큰 물소, 심지어 새끼 코끼리도 사냥한다. 단, 여러 마리가 함께 사냥한다. 한 마리는 다리를 물고, 한 마리는

*

꼬리 부분을, 한 마리는 몸통을 문다. 그러다가 사냥감이 힘이 빠지면 목을 물어 숨통을 끊는다. 혼자서는 도저히 할 수 없는 사냥이지만 예닐곱 마리가 무리 지어 팀워크를 이루니 가능하다. 팀워크가 밀림의 왕자가 이룬 사냥의 성공 비결인 셈이다.

그렇다면 직장에서 어떻게 하면 이런 팀워크를 이뤄 함께 일하고 싶은 사람이 될 수 있을까? 우선 자기가 아닌 팀에 초점을 맞추어야 한다. 지혜로운 인재는 홀로 경주를 마치는 100미터 단거리 경주자가 되는 대신, 계주 경기처럼 알맞은 타이밍에 차례를 넘기는 릴레이 선수가 된다. 자신이 지쳤을 때 더 빨리 달릴 수 있는 동료에게 바통을 넘겨 마음껏 달리도록 만드는 '계주정신'은 다름 아닌 책임감과 희생정신에서 온다. 목이 터져라 팀워크를 수백 번 외치기보다 내가 먼저 몇 차례 희생하고 모범을 보이면 자석에 끌려오는 클립처럼 모두가 따라온다.

이처럼 회사는 큰 배의 선장과 같은 인재를 기다리고 있다. 평소에는 그 진가가 드러나지 않을 수도 있다. 그러나 결정적 순간, 즉 파도가 몰려오고 광풍이 몰아쳐서 배가 조난 위기에 처하게 되었을 때, 선장은 혼비백산한 선원들을 독려하여 모두 탈출시키고 마지막으로 자신도 탈출한다. 꼭 리더가 아니더라도 팀원 중 한둘이 책임감과 동료를 위한 희생의 마음을 가지고 있다면 팀워크는 반드시 살아난다.

함께 일하고 싶은 사람이 되고 싶은가? 중요한 사람이 되거나 주위 사람들로부터 인기 있는 인재로 거듭나고 싶은가? 그렇다면

*

먼저 주변 사람들의 성공을 도와야 한다. 강철왕 앤드류 카네기는 "주변 사람들을 부자로 만들지 않고서 부자가 되는 사람은 없다"라고 말했다. 서로 상부상조해야 한다. 우리 선조들의 지혜 중 하나였던 '두레'나 '품앗이'의 정신을 21세기 회사생활에도 적용해보자.

진정 성공하고자 한다면 먼저 당신 주변 사람들이 성공하도록 도와라. 내가 필요할 때 에너지와 열정을 주고받을 수 있는 환경을 만들어줄 지원군이 반드시 나타날 것이다. 나를 위해 지원군이 되어줄 사람들을 원한다면, 기꺼이 내가 먼저 남을 위하는 별동대가 되어야 한다.

함께 일하고 싶은 사람이 되려면 신생아를 돌보는 엄마처럼 주위 동료에게 관심을 가져야 한다. 그래야 저 사람에게 무엇이 필요한지, 가려운 부분이 어디인지 알고서 긁어줄 수 있다.

평소 같이 일하던 부하 직원이 회사를 그만둘 때 정말 마음이 허전하다. 그만두는 가장 큰 이유는 업무 강도보다 힘든 인간관계 때문이다. 대부분 팀장이나 소속 리더와 이직에 관한 상담을 할 때쯤 되면 이미 굳은 결심을 한 경우가 많다. 마음의 결정이 끝난 상태다. 심지어 이직할 회사가 결정된 경우도 있다.

그래서 나는 평소 힘들어하는 직원에게 관심을 가지고 지친 기색이 보이면 자연스레 대화의 장을 만들기 위해 노력한다. 동료들에게 관심을 가지고 힘든 이가 있다면 그들을 이해하고 도와주는 것이 강력한 팀워크를 위한 나의 임무라고 생각하기 때문이다.

직장 동료들과 교류하면서 다음과 같은 질문을 나 자신에게 던

*

져보자.

첫째, 나는 현재 누구의 인생에 가장 큰 영향을 미치고 있는가?
둘째, 그는 내게 어떤 도움과 역할을 기대하고 있는가?
셋째, 그렇다면 나는 어떤 활동을 통해 그의 인생관, 가치관에
영향을 미칠 것인가?

동료들에게 영향을 미치기 위해선 스스로가 영향력 있는 사람
이 되어야 한다. 누구나 최고와 함께 일하고 싶어 한다. 열정은 전
염성이 강하다. 그리고 명성이 명성을 낳는다. 조직 내에서 우수한
인재일수록 함께 일할 사람들을 가리고 선별한다. 어느 팀에서 누
구와 함께 뛰는가가 중요하기 때문이다.

평범한 사람은 대화 주제가 매일 집안 이야기, 가십, 오락거리,
취미에 머문다. 그래서 성장이 더딘 사람은 어제나 오늘이나 말하
는 주제가 매한가지다. 성공한 사람과 어울릴수록 내 꿈과 포부도
그만큼 커진다. 나도 상대의 지식이나 정보만 받아가는 사람과는
왠지 교류하기가 꺼려진다. 상대도 나처럼 나와의 만남이 지적으로
유익한가, 감동을 주는가, 재미가 있는가, 동기부여가 되는가를 항
상 생각할 것이기 때문이다.

실제 내가 먼저 현실적으로 상대에게 도움이 될 만한 소양을 쌓
아야 한다. '이 사람과 어울리면 뭔가 얻는 것이 있구나!'라는 신뢰
를 심어줄 수 있어야 한다. 그리고 다른 사람에게 의지할 생각보다

*

자신에게 아낌없이 투자하여 경쟁력을 키우는 것이 바람직하다.

　　동료들 사이에서 균형을 잘 잡는 사람이야말로 함께 일하고 싶은 사람이다. 직장 내에서는 자신이 처한 입장과 관점 차이로 뜻하지 않게 갈등이 생겨날 경우가 많다. 상대와 갈등관계에 있을 때 꼭 이기려고 하기보다는 긍정적인 시각을 가지고 밝은 마음으로 대해보자. 상대를 진심으로 칭찬하거나 실패 가운데 다시 일어설 수 있도록 격려의 말을 해보자. 한마디 말로 용기를 주는 사람이 바로 함께 일하고 싶은 사람이다.

　　상대의 어려움이나 슬픔에 공감하면서 도움의 손길을 건네보자. 한편으로는 상대를 탓하기보다 먼저 나 자신의 단점이나 부족한 부분을 돌아보면서 더 나은 사람이 되도록 노력해보자. 그러면 어느 순간 함께 일하고 싶은 사람이 되어 있을 것이다.

*